MEIN GARTEN

Balkon- und Terrassengarten

Kreativ und einfach gestalten

compact via

Außerdem erhältlich:
Kräutergarten
Biogarten
Pflegeleichter Garten
Pflanzenschnitt
Rosengarten

compact via ist ein Imprint der Compact Verlag GmbH

Text: Max Kirschner, Feryal Kanbay
Redaktion: Anja Fislage
Titelabbildungen: fotolia.com/martin (u.), pixelio.de/creature (o. l.), pixelio.de/mamarone (o. M.), fotolia.com/mediamouse (o. r.)
Layout: h3a GmbH, München
Umschlaggestaltung: h3a GmbH, München

ISBN 978-3-8174-8414-0
2011 2012 2013 2014 2015 10 9 8 7 6 5 4 3 2 1

Besuchen Sie uns im Internet: www.compact-via.de

Inhalt

Planung und Gestaltung

Gut geplant, entspannt genießen

Unsere Welt und besonders der Arbeitsalltag sind häufig von Stress und Hektik geprägt. Aus diesem Grund ziehen sich immer mehr Menschen in ihrer Freizeit in private Bereiche zurück. Hier können sie ihr Umfeld eigenständig gestalten und sich einfach rundum wohlfühlen. Einen besonders hohen Stellenwert bei der Lebensqualität haben Balkon und Terrasse. Mithilfe dieser grünen Oasen können Sie Freiräume zu Ihrer ganz persönlichen Entspannung schaffen. Auch dienen Pflanzen – besonders geeignet sind Kletterpflanzen an dekorativen Rankgerüsten – oft als Abschirmung gegen die Blicke von Nachbarschaft und Passanten und tragen zudem zu einer gelungenen Hausgestaltung bei: Ein üppig blühender Balkon oder eine gemütlich gestaltete Terrasse ist eine Bereicherung für jedes Haus.

Balkongestaltung

Als Balkonbesitzer haben Sie vielfältige Gestaltungsmöglichkeiten, um sich ein zusätzliches grünes Zimmer zu schaffen. Wenn Sie den Pflanzen die erforderliche Zuwendung angedeihen lassen, werden Sie oft reich belohnt. Sogar bescheidene Ernten können von einem Etagengarten eingebracht werden. Und wenn es nur ein paar Kräuter oder Balkontomaten sind, die den Speiseplan bereichern – selbst angebaut und frisch gepflückt schmecken sie einfach unübertrefflich. Dabei haben Sie die Wahl aus einem ständig wachsenden Sortiment von Balkon und Kübelpflanzen – egal ob man eine südländische Atmosphäre schaffen oder mit fröhlich kombinierten Blüten einen Farbtupfer in der Wohnlandschaft setzen will.

Terrassengestaltung

Eine Terrasse mit exponierter Lage und weitem Blick ist nur scheinbar ideal. Man sieht nicht nur gut, sondern wird auch gut gesehen und sitzt regelrecht auf dem Präsentierteller. Daher ist es nicht nur bei engen Reihenhaus-

Wer richtig geplant, kann sich bald an der bunten Vielfalt an Formen und Farben auf seinem Balkon erfreuen

PFLEGELEICHT-TIPP

Pflanzenauswahl

Vor dem Kauf der Pflanzen, also bereits bei der Planung, sollten Sie die Lage Ihres Minigartens mit einbeziehen.

gärten sinnvoll, den Sitzplatz durch Sichtschutzwände oder Kletterpflanzen abzuschirmen und so eine intime Atmosphäre herzustellen. Die Terrasse wird i.d.R. als rechteckige, befestigte Fläche am Haus angelegt. Damit ein kleiner, runder Tisch mit vier Stühlen Platz hat, ist ein Maß von mindestens 3 x 2,5 m nötig. Für eine großzügigere Lösung sollte man 30 bis 40 m^2 veranschlagen, denn schließlich sollen auch Sonnenschirme, Pflanzen und andere dekorative Elemente ausreichend Platz finden.

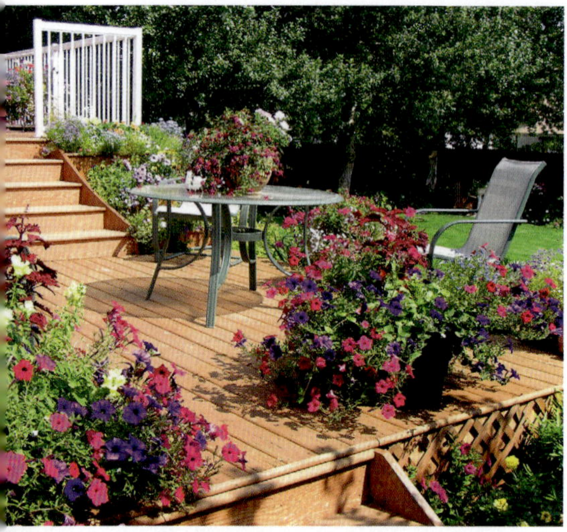

Auf einer großzügigen Terrassenfläche haben Sie neben einer Sitzgelegenheit noch genug Platz für dekorative Pflanzen

INFO

Übergang zum Garten

Wichtig für den gestalterischen Erfolg ist der Übergang von der Terrasse zum Garten. Platzieren Sie beispielsweise neben die Terrasse ein attraktives Staudenbeet oder einen Gartenteich, der sich von der Sitzecke aus besonders gut beobachten lässt. Beachten Sie bei der Planung auch, dass die Terrasse ein leichtes Gefälle vom Haus weg aufweist, damit das Wasser zuverlässig ablaufen kann.

Bodenbelag und Unterbau von Terrassen

Aufgrund der relativ geringen Belastung, der eine Terrasse bei normaler Bepflanzung und Möblierung ausgesetzt ist, muss der Unterbau nicht übertrieben stark sein. Eine festgestampfte Kiesunterlage von ungefähr 20 cm Stärke genügt normalerweise allen Ansprüchen. Da Haus und Terrasse eine optische Einheit bilden sollten, empfiehlt es sich, den Bodenbelag – was Material und Farbe anbelangt – auf den Stil des Hauses abzustimmen.

Im besten Fall wirkt die Terrasse wie eine Erweiterung des Wohnraums. Dabei ist zu beachten, dass helle Materialien das Sonnenlicht stark reflektieren und sogar blenden können. Daher sollten Sie eher etwas dunklere Farben verwenden, welche zudem besser die Wärme speichern. Dadurch steht der Belag i.d.R. in einem angenehmen Kontrast zu den Wandflächen und wirkt wie eine natürliche Fußbodenheizung.

Materialien

Kies: Kies bildet einen preiswerten und rustikal wirkenden Belag für die Terrasse. Er hat aber den Nachteil, dass er sich nicht gut sauber halten lässt.
Naturstein: Mit Natursteinpflaster lässt sich eine ebenso gemütliche wie stilvolle Atmosphäre schaffen. Bedenken Sie jedoch, dass dies eine eher unebene, d.h. für Stühle und Tische wackelige Bodenfläche bedeuten kann.
Klinker: Klinkersteine schaffen mit ihrem warmen Farbton einen harmonischen Übergang zwischen Haus und Bepflanzung.
Beton: Betonplatten gibt es preiswert in vielen Farben und Größen. Die meisten Betonformsteine wirken jedoch sehr nüchtern. Deshalb sind sie für diesen Bereich, der wohnlich wirken soll, nicht sehr gut geeignet.
Holz: Holzflächen sorgen für eine angenehme Atmosphäre und wirken natürlich bis rustikal.

PFLEGELEICHT-TIPP

Bodenbelag geschickt wählen

Je kleiner die Fläche, umso kleiner darf auch das Format des Terrassenbelags sein. Zu kleinteilige Beläge mit vielen oder großen Fugen sind jedoch zu vermeiden, damit die Sitzmöbel nicht auf wackeligen Beinen stehen. Eine ebene Oberfläche lässt sich außerdem leichter reinigen. Gleichzeitig sollte das verwendete Material so griffig sein, dass man bei nasser Witterung nicht so schnell ausrutscht.

Materialkombinationen

Durch die Kombination von Kunststeinen mit Pflaster- oder Klinkersteinen bzw. anderen Materialien können Sie eine individuelle

Ein guter Bodenbelag ist rutschfest, leicht zu reinigen und sorgt für eine angenehme Atmosphäre

„Bodenlandschaft" gestalten. Weitläufige Terrassenflächen wirken so kontrastreicher und lebendiger.

Sehr modern ist übrigens Belag aus Bambusdielen. Dieser ist nicht nur sehr robust, er verleiht Ihrer Terrasse auch einen exotischen Flair. Tisch, Bank und Stühle bilden einen wesentlichen Bestandteil des Sitzplatzes. Gartenmöbel gibt es in vielfacher Ausführung. Die Farben der Möbel sollten i. d. R. auf den Bodenbelag abgestimmt sein. Weiß verleiht eine eher elegante Note, während einzelne kräftige Farben den Sitzplatz besonders hervorheben können.

INFO

Im Schatten

In schattigen oder regenreichen Lagen ist ein Holzbelag für Balkon und Terrasse ungeeignet, da die Oberfläche leicht gefährlich glitschig wird.

Pflanzen für Kübel und Kästen

Balkon- und Kübelpflanzen sind normalerweise als Pflanzenarten definiert, die den Sommer über nahezu ununterbrochen blühen und gedeihen, aber den Winter hierzulande im Freien nicht überstehen würden. Sie sollten deshalb entweder gut geschützt überwintern oder jedes Jahr neu gepflanzt werden. Da Letzteres bei den Kübelpflanzen – meist handelt es sich um Sträucher oder große Stauden – ein teures Vergnügen wäre, werden sie normalerweise in Kellern und anderen frostsicheren Räumen eingelagert. Die kleineren Balkonpflanzen lassen sich zwar leichter einräumen, aber auch kostengünstiger nachkaufen oder aus Samen oder selbst

Pflanzen in Kübeln blühen den Sommer über und können im Winter eingeräumt werden

geschnittenen Stecklingen nachziehen. Die wichtigsten Kübel- und Balkonpflanzen, ob blühend oder wegen ihres Laubs als Strukturpflanze eingesetzt, werden ab S. 63 beschrieben. Darüber hinaus gibt es auch Pflanzen für spezielle Verwendungszwecke; die Arten hierfür werden in den folgenden Abschnitten vorgestellt.

Ampelpflanzen

Ein Teil der Balkonpflanzen ist aufgrund seiner überhängenden Wuchsform auch gut für Ampeln, d.h. einzeln an der Decke aufgehängte Pflanzgefäße, geeignet. Mithilfe dieser Pflanzen können Balkon und Terrasse sozusagen von oben begrünt werden. Während man in kleine Gefäße sinnvollerweise nur eine Art einpflanzt, lassen sich in größeren Ampeln auch mehrere Arten kombinieren, die in Farbe und Wuchsform harmonisch aufeinander abgestimmt werden sollten.

INFO

Für Ampeln geeignete Pflanzen

Von den Arten, die ab S. 63 vorgestellt werden, eignen sich folgende zur Bepflanzung von Ampeln: Eisenkraut, Elfenspiegel, Elfensporn, Fächerblume, Fuchsie, Gänseblümchen (Blaues, Gelbes und Spanisches), Goldtaler, Hängegeranie, Knollenbegonie, Männertreu, Pepino, Petunie, Schneeflocke, Wandelröschen, Weihrauch, Zigarettenblume, Zweizahn, Zwergstrohblume. Zusätzlich sind folgende Pflanzen besonders für Ampelgefäße geeignet: Blaue Mauritius *(Convolvulus sabatius)*, Fuchsschwanz *(Acalypha hispaniolae)*, Neuguinea-Impatiens Nierembergie *(Nierembergia hippomanica)*, Hornklee *(Lotus spec.)*.

Kletterpflanzen

Bei der Auswahl der geeigneten Kletterpflanzen sind vor allem drei Kriterien zu beachten: Wuchshöhe Klettertechnik Licht- und Wärmebedarf Diese Eigenschaften entscheiden u.a. darüber, ob eine Pflanze für Süd-,

Die Kapuzinerkresse ist eine einjährige Kletterpflanze, die ab Ende April ausgesät wird und eine Höhe von bis zu 1,5 m erreicht. Sie gedeiht auch im Halbschatten

INFO

Einjährige Kletterpflanzen

Art	Höhe	Blüte	Bemerkung (sonniger Standort und Kletterhilfe immer erforderlich)
Duftwicke *(Lathyrus odoratus)*	2 m	verschiedene Farben	Direktsaat ab April, Blüten duftend
Feuerbohne *(Phaseolus coccineus)*	4 m	rot	Direktsaat Ende April, wächst rasch, dicht
Glockenrebe *(Cobaea scandens)*	5 m	blau	geschützte Vorkultur ab März, blüht schwach, Herbstfärbung
Kapuzinerkresse (*Tropaeolum*-Hybriden)	1,5 m	gelb/orange	Direktsaat ab Ende April, auch für Halbschatten
Prunkwinde *(Ipomoea spec.)*	2 m	blau (rötlich)	geschützte Vorkultur ab Anfang März, windempfindlich
Schwarzäugige Susanne *(Thunbergia alata)*	2 m	gelb	Aussaat ab März bei 18–20 °C
Trichterwinde *(Pharbitis purpurea)*	4 m	verschiedene Farben	Direktsaat ab Ende April
Zierkürbis *(Cucurbita pepo)*	5 m	gelb	Vorkultur bei 20 °C, wächst rasch

Ost-, West- oder Nordlagen geeignet ist. In nördlichen Lagen muss sich der Hobbygärtner meist mit Grünpflanzen begnügen, denn die üppigen Blüher, und dazu gehören die einjährigen Arten, brauchen i. d. R. viel Sonne. Die Kletterfähigkeiten der Pflanze sollten möglichst auf die Höhe der zu begrünenden Fläche abgestimmt sein. Selbstständig an senkrechten Wänden emporwachsen können nur die Wurzelkletterer unter den Gehölzen sowie manche Ranker mit ihren Haftorganen. Den übrigen Arten sollten Sie eine Kletterhilfe anbieten, z. B. in Form von Spalieren, Schnüren oder mit Kunststoff ummantelten Drähten. Rankgerüste aus Holz passen sich sehr schön der Umgebung an oder können farbig gestrichen einen besonderen Akzent in der Gestaltung Ihrer grünen Oase setzen. In völlig windoffenen Lagen sollten Sie lieber auf die Pflanzung von Kletterpflanzen verzichten, da diese hier nicht gut gedeihen. Übrigens: Bei vielen Kletterpflanzen ist es entscheidend, ob sie im Boden wurzeln können oder ob lediglich ein Pflanz-

INFO

Mehrjährige Klettergehölze

Art	Höhe	Standort	Bemerkung
Blauregen, Glyzine *(Wisteria sinensis)*	6–12 m	S	im Mai blaue Blütentrauben
Efeu *(Hedera helix)*	3–25 m	N, NO, NW	immergrün, wächst langsam, auch in Gefäßen
Geißblatt *(Lonicera spec.)*	2–6 m	meist O, W	im Frühjahr teils duftende Blüten
Klematis *(Clematis-*Hybriden*)*	2–3 m	O, W	große Blütenteller
Kletterhortensie *(Hydrangea petiolaris)*	6–10 m	O, W, N	im Sommer weiße Blütenteller, auch in großen Gefäßen
Kletterrose *(Rosa)*	2–5 m	S	viele Farbsorten, frostempfindlich
Kiwi *(Actinidia arguta)*	2–8 m	S, O, W	essbare Früchte im Herbst, notfalls auch in Gefäßen
Schlingknöterich *(Fallopia aubertii)*	8–15 m	S, O, W	wuchernd, in Gefäßen viel gießen
Trompetenblume *(Camspis radicans)*	6–10 m	S	rote Blüten im Frühsommer
Waldrebe *(Clematis spec.)*	2–10 m	O, W	zarte Blüten, bizarre Früchte
Wilder Wein *(Parthenocissus quinquefolia o. tricuspidata)*	8–12 bzw. 15 m	O, W, SO, SW	teils selbstklimmend, schöne Herbstfärbung
Weinrebe *(Vitis vinifera)*	5–15 m	S	Fruchttrauben
Winterjasmin *(Jasminum nudiflorum)*	2–4 m	S, SO, SW	auch in Gefäßen

gefäß zur Verfügung steht. In letzterem Fall sind meist einjährige Arten zu bevorzugen. Sie sollten ihre Plätze i.d.R. erst nach den Eisheiligen einnehmen. Klettergehölze können zwar teilweise auch in großen Gefäßen kultiviert werden, sich dort aber nie ganz entfalten. Die nachfolgende Tabelle listet die gebräuchlichsten Kletterpflanzen auf.

Die Petunie ist mit ihrer überhängenden Wuchsform ideal geeignet für eine Ampelbepflanzung

Extreme Lagen vermeiden

Auf dem Balkon kann für Kletterpflanzen neben dem beschränkten Wurzelraum auch das oft windige oder stickige Klima an der Hauswand störend sein. Bedenken Sie, dass extreme Lagen immer problematisch sind. Außerdem sollte v. a. auf dem Südbalkon stets für eine ausreichende Bewässerung gesorgt sein.

Blumenampel gießen

Blumenampeln für Balkon oder Terrasse sind sehr dekorativ, trocknen jedoch schnell aus. Sie lassen sich leichter gießen, wenn man sie mit einem Flaschenzug (Ampellift) in verschiedene Höhen ziehen kann. Der Flaschenzug wird zwischen Aufhängung und Pflanzgefäß eingesetzt.

PFLEGELEICHT-TIPP

Wandschmuck

Für die Terrasse empfehlen sich Kletterpflanzen, die von vom Boden an der Hauswand entlang nach oben gelenkt werden. Sie benötigen keinerlei Pflege, da sie Wasser und Nährstoffe direkt aus der Erde beziehen können.

Gaumenfreuden im Balkonkasten

Auch wenn Sie keinen Garten haben, müssen Sie nicht auf frische selbst gezogene Pflanzen in Ihrer Küche verzichten: Selbst im Balkonkasten oder im Kübel lassen sich Kräuter und Gemüse anbauen. Sogar vor kleinen Obstbäumchen brauchen gewiefte Balkongärtner nicht Halt zu machen. Und diese Pflanzen sind ja nicht nur wohlschmeckend, sondern es ist auch äußerst reizvoll, mit den verschiedenen, teils aromatisch duftenden Blattformen sowie Früchten ein kleines Paradies zu gestalten. Ein übersichtlicher Kräutergarten findet in jedem Pflanzgefäß seinen Platz.

PFLEGELEICHT-TIPP

Einzelgänger Basilikum

Basilikum wird am besten einzeln gepflegt, da es zwar sonnige Standorte liebt, aber nicht lange trocken stehen darf.

Kräuter

Kräuter sind auf einem sonnigen Balkon am leichtesten zu kultivieren, da viele Arten von Natur aus einen durchlässigen und damit trockenen Untergrund gewöhnt sind. Im Übrigen brauchen die meisten Arten kaum gedüngt zu werden. Gepflanzt wird normalerweise im Mai. Petersilie, Schnittlauch und Majoran, Thymian, Salbei und Bergbohnenkraut bilden mit ihrem Laubwerk eine aromatisch duftende Bepflanzung und dienen gleichzeitig zum Verfeinern von Speisen. Die mehrjährigen Arten können als Dauerbepflanzung im Kasten überwintern. Natürlich

Kräuter sind dekorativ und eine Bereicherung für den Speiseplan

sollten Sie stets für einen guten Wasserablauf im Pflanzgefäß sorgen. Zitronenmelisse, Estragon, Oregano, Dill und Borretsch bevorzugen etwas frischere und nährstoffreichere Substrate. Die Gefäße sollten also möglichst groß sein und regelmäßig gegossen sowie gelegentlich gedüngt werden. Pfefferminze dagegen gedeiht aufgrund ihres Feuchtigkeitsbedarfs am besten in halbschattigen Lagen.

Gemüse

Gemüse können Sie durchaus direkt in Kästen säen oder pflanzen. Den meisten Arten genügt bis Anfang des Sommers eine organische Grunddüngung. Besonders bei den Starkzehrern sollten Sie dann aber flüssig nachdüngen. Grundsätzlich sind für den Balkon kleinwüchsige Arten und Sorten zu bevorzugen. Ab April lassen sich Salat, Kresse, Kohlrabi, Radieschen, Erbsen, kugelförmige Karotten und Rote Bete aussäen oder als Zwiebeln stecken. Stangen- und Feuerbohnen können Sie ab Mai als Kletterpflanzen einsetzen. Die wärmebedürftigen Fruchtgemüse werden erst nach Ende der Frostgefahr gepflanzt. Gurken und Zucchini sowie die meisten Tomatensorten benötigen unbedingt den Einzelstand im Kübel. Lediglich die Buschtomate „Tiny Tim“ kommt auch im Kasten zurecht. Feldsalat und Spinat können ab August nachfolgend gesät werden.

Obst

Bei Erdbeeren greifen Sie am besten zu Klettersorten wie beispielsweise „Hummi“. Man bindet sie an Maschendraht o. Ä. auf oder lässt sie einfach überhängen. Die Jungpflanzen werden im August in kompostreiches Substrat gesetzt. Selbst Obstgehölze können Sie in großen Kübeln von etwa 10 l Inhalt auf dem Balkon oder der Terrasse anbauen. Voraussetzung dafür sind schwachwüchsige Veredelungen, die es bei den meisten Obstarten gibt. Ideale Baumform beim Apfel ist die sogenannte „Ballerina“, die keine Krone bildet und deren Früchte nahe am Stamm ansetzen. Wenn die Gehölze zwischen März und August ausreichend gedüngt werden, lohnen sie es Ihnen mit reicher Ernte.

Buschtomaten, hier die Sorte „Tiny Tim“, haben ein begrenztes Höhenwachstum und sind daher ideal für den Balkon oder die Terrasse geeignet

Bei der Balkongestaltung sind Ihrer Kreativität bei Pflanzenauswahl, Form und Farbe keine Grenzen gesetzt

Gestalten mit Stil

Bei der Gestaltung Ihrer Balkon- und Terrassengefäße sind Ihrer Kreativität bei Pflanzenauswahl, Form und Farbe keine Grenzen gesetzt. Eine einheitliche Bepflanzung aus Geranien in leuchtenden Farben oder ein eher mediterranes Ambiente – alles ist möglich.

Bepflanzungen in der Stadt

In den dicht bebauten Siedlungsformen der Städte haben sich mittlerweile sehr unterschiedliche Bepflanzungsprinzipien entwickelt: Im bunt kombinierten Kasten treffen auf engstem Raum verschiedene Farben und unzählige Blatt- und Blütenstrukturen aufeinander. Exotische oder durchgezüchtete Pflanzenarten lassen kaum mehr einen Wunsch offen. Dabei werden unkonventionelle Lösungen immer beliebter. Je nach Geschmack lassen sich knallige Farben und dezente Töne kombinieren, wobei die Blütenpracht Ton in Ton ebenso attraktiv ist wie eine kunterbunte. Sehr beliebt sind naturnahe Pflanzungen, in denen bedrohte Wildpflanzen und -tiere Zuflucht und Nahrung finden. Der geübte Hobbygärtner greift zu Samen von Ringelblume, Kornblume oder Kosmee und lässt ein scheinbar ungeordne-

Blütenpracht: Geranien leuchten von zartrosa bis orangerot

tes Biotop entstehen. Gerade weil diese Arten z. T. für den Balkon etwas zu hochwüchsig sind, wirken sie natürlich. Gräser oder Farne – je nach Standort – passen ebenso gut in eine solche Bepflanzung wie viele unserer Würz- und Heilkräuter. Für regengeschützte Standorte können Sie trockenheitsresistente Mauerpfeffer- und Hauswurzarten verwenden. Ein solches Biotop signalisiert die enge Verbundenheit seiner Bewohner mit der Natur.

INFO

Kontrastreiche Zusammenstellung

Bei einer kontrastreichen Pflanzenzusammenstellung sollten Sie nicht nur auf die Farben achten, sondern auch auf abwechslungsreiche Wuchs-, Blatt- und Blütenformen. Strukturpflanzen – beispielsweise Weihrauch – bringen etwas Ruhe in die sonst vielleicht allzu bunte Mischung. Eine gelungene Kombination zeichnet sich allerdings auch durch abgestimmte Wuchshöhe, Blütezeit und Pflegebedürfnisse aus.

Pflanzen wirkungsvoll kombinieren

Wenn Sie mit der Balkonbepflanzung eine Fernwirkung erreichen wollen, dann genügt oft schon eine einzige, farbkräftige Hängegeraniensorte. Bei flächiger Pflanzung kann sie auf größere Entfernung ein Blickfang sein. Feinere Formen und bunte oder aufeinander abgestimmte Farben können aus der Distanz kaum differenziert wahrgenommen werden. Diese gestalterische Einheit lässt sich stufenweise folgendermaßen auflockern: Fügt man eine aufrechte Pflanzenart in einem korrespondierenden Farbton oder in

INFO

Kombinationsmöglichkeiten

Kurz zusammengefasst gibt es folgende gängige Grundarten der Kombinationsmöglichkeiten: starker zweifarbiger Kontrast, z. B. Komplementärfarben Drei- oder Vierklang aus den Hauptfarben Rot, Gelb, Blau und Weiß bunte, abwechslungsreiche Vielfalt der Formen und Farben Pflanzung innerhalb eines bestimmten Farbtonbereichs Kombination zarter Pastellfarben.

einem kräftigen Kontrast hinzu, verändern sich die Form und die Wirkung der Balkonbepflanzung.

Für den zweifarbigen Kasten eignen sich viele Arten – z. B. in den Komplementärfarben Blau und Gelb. Eine harmonische Wirkung der Blüten innerhalb eines Farbbereichs erzielen Sie, indem Sie die unterschiedlichen Blütenfarben Ton in Ton aufeinander abstimmen. Pflanzkästen mit solchen zarten Tonabstimmungen ziehen besonders in einer unruhigen Umgebung die Blicke auf sich. Ähnlich ist die Wirkung von Pastellfarben einzuordnen. Bei der Planung sollten Sie anfangs ein oder zwei Leitpflanzen auswählen, deren Größe, Blüten oder Ausdauer die Bepflanzung dominieren – beispielsweise Geranien, Strauchmargeriten oder Begonien. In einem sogenannten klassischen Kasten werden die Pflanzen symmetrisch platziert, also links und rechts mit gleichem Abstand zur Mitte, bei ungerader Zahl auch noch in der Mitte selbst.

Jahreszeitliche Abwechslung

Nicht nur im Sommer können Balkon und Terrasse in freundlichem Grün und fröhlicher Blütenpracht erstrahlen. Auch für den Herbst und Winter gibt es zahlreiche Bepflanzungsmöglichkeiten, die Balkon und Terrasse mit einer Vielfalt an Formen und Farben zieren und Ihnen auch in der kalten Jahreszeit Freude bereiten. Je nach Saison bieten sich unterschiedliche Pflanzen an, die sich in den Übergangszeiten auch gut kombinieren lassen.

Auch im Frühling ziert den Balkon eine bunte Blütenpracht

Frühling

Mit Ausnahme einer Dauerpflanzung sind die Balkonbepflanzungen i. A. nur für einen begrenzten Zeitraum vorgesehen: Zeitig im Frühjahr können nur einige Zwiebelblumen und andere frostbeständige Frühblüher mit Blüten aufwarten, die sich i. d. R. bis zum Sommeranfang verausgabt haben.

Sommer

Der Hauptflor nimmt – je nach Lage – zwischen Ende April und Anfang Juni seinen Platz ein, wenn die Frostgefahr vorüber ist. Die für diesen Zweck gezüchteten Arten blühen mehr oder weniger ununterbrochen bis zum Ende der Saison – also bis die ersten Frostnächte wieder Einzug halten.

Herbst

Im Herbst überschneiden sich die Frühblüher und Sommerpflanzen mit den als „Herbstzauber“ bekannten Pflanzen. Diese Arten kommen mit Blüten und interessanten Blattstrukturen ab Ende des Sommers bis zum Anfang der Frostperiode zur Wirkung. Sie sind teils wintergrün, v. a. aber winterhart und können größtenteils unter leichtem Schutz überwintern. Die Kunst des Hobbygärtners liegt darin, die Sommerbepflanzung dann abzulösen, wenn sie unansehnlich wird, und dabei den Herbstpflanzen noch genügend Zeit zur Entwicklung zu lassen.

Winter

Vergleichbares gilt für die Winterbepflanzung, die mit immergrünen und fruchttragenden Arten speziell auf die Advents- und

Chrysanthemen sind beliebte Herbstblüher

INFO

Geschickt kombiniert

Bei der Abstimmung mehrerer Kästen auf einem Balkon empfiehlt es sich, Leitpflanzen oder bestimmte Kombinationsmotive (z. B. eine bestimmte Farbzusammensetzung) zu wiederholen. Das lässt Ihren Balkon einheitlicher erscheinen.

PFLEGELEICHT-TIPP

Geschlossenes Bild

Sie sollten Pflanzen mit ähnlichen Ansprüchen kombinieren, weil diese gemeinsam gepflegt, gegossen und gedüngt werden. Zwischen den Leitpflanzen werden die Begleitpflanzen platziert. Ordnen Sie aufrechte, flächige und hängende Arten so an, dass sie den Raum optimal nutzen und ein geschlossenes Bild bewirken.

Weihnachtszeit abgestimmt und mit einigen Herbst-, Winter- und Frühlingsblühern kombiniert wird. Dabei müssen bepflanzte Winterkübel und -kästen durchaus nicht trostlos aussehen. Sie können mit Accessoires aus Keramik, Glas und Holz geschmückt werden und farbenfroh erscheinen. Bei der Gestaltung Ihres winterlichen Minigartens sind Ihrer Fantasie und Kreativität kaum Grenzen gesetzt. Sie sollten nur die Frostempfindlichkeit der einzelnen Gegenstände berücksichtigen.

Ihre Balkon- und Terrassengefäße müssen aber nicht kahl bleiben, bis sie nach Ende der Frostgefahr endlich von Sommerblumen geschmückt werden. Frühlingsboten sind sogar besonders wichtig, weil sie farbenfroh den Beginn einer neuen Saison verkünden und vielen Insekten Nahrung bieten. Die meisten Frühlingsblüher gehören zu den Zwiebelblumen. Noch weit vor den bekannten und weitverbreiteten Tulpen und Narzissen drängen die Triebe der kleineren Arten wie Krokus oder Schneeglöckchen aus der Erde. Bald darauf folgen Traubenhyazinthen sowie andere duftende und üppig blühende Arten. Wichtig für das Gedeihen der Blumenzwiebeln in einem Gefäß ist dessen ausreichende Pflanztiefe. Die Zwiebeln müssen je nach Art und deren Größe unterschiedlich tief auf eine Substratunterlage gelegt werden. Für die Pflanzung der großen Tulpen oder Narzissenzwiebeln ist eine Substrathöhe von mindestens 20 cm ratsam. Außerdem ist auf sicheren Wasserabfluss zu achten, denn bei Staunässe faulen die Zwiebeln. Es erweist

Farbenfroh verkünden Frühlingsbote wie die Tulpe den Beginn der neuen Saison

INFO

Frühlingszwiebelblumen für den Balkonkasten

Art	Blüten	Pflanztiefe
Winterling *(Eranthis hyemalis)*	gelb	4 cm
Schneeglöckchen *(Galanthus nivalis)*	weiß	6 cm
Krokus *(Crocus*-Hybriden*)*	je nach Sorte	6 cm
Frühlingsknotenblume *(Leucojum vernum)*	weiß	8 cm
Blausternchen *(Scilla spec.)*	blau	8 cm
Strahlenanemone *(Anemone blanda)*	blau (rosa)	4 cm
Schneestolz *(Chiconodoxa luciliae)*	blau	8 cm
Zwiebeliris *(Iris reticulata, I. danfordiae)*	violett/gelb	10 cm
Puschkinie *(Puschkinia scilloides)*	zart blau	6 cm
Botanische Tulpen *(Tulipa kauffmanniana, T. praestans, T. tarda)*	je nach Art	10 cm
Traubenhyazinthen *(Muscari armeniacum, M. botryoides)*	blau	6 cm
Narzissen, Osterglocken *(Narcissus)*	weiß/gelb	15 cm
Hyazinthen *(Hyacinthus orientalis)*	je nach Sorte	12 cm
Gartentulpen *(Tulipa spec.)*	je nach Sorte	12 cm

sich als Vorteil, wenn die Zwiebeln bereits im September gesetzt werden. Notfalls lässt sich die Frist vor der Überwinterung bis November verlängern. Sie können allerdings auch im zeitigen Frühjahr Blumenzwiebeln aus dem frostfreien Gartenboden herausholen und kurzfristig in ein Pflanzgefäß umsetzen. Zum Schutz gegen das Durchfrieren der Zwiebeln stellt man den Kasten geschützt an eine Hauswand, wo er auch keiner direkten Besonnung ausgesetzt ist. Zusätzlich kann man ihn in Zeitungspapier einwickeln oder mit Reisig abdecken. Wenn die Erde nicht gefroren ist, empfiehlt es sich, gelegentlich zu gießen. Ab der zweiten Februarhälfte sollten Sie den Kasten an einem wärmeren Ort aufstellen. Das regt den Austrieb an.

Gehen Sie bei der Pflanzung am besten so vor, dass Sie die großen Zwiebeln zuerst stecken. Erst dann werden die der kleineren Arten dazwischen verteilt. Ein besonders natürlicher Eindruck lässt sich außerdem erzielen, indem Sie die jeweiligen Arten in kleine Grüppchen setzen.

Dauerbepflanzung

Das Grundgerüst der Dauerbepflanzung wird von Zwergformen verschiedener Gehölze gebildet. Immergrüne Arten sind während der kahlen Winterzeit eine schöne Abwechslung. Aber auch die sommergrünen Gehölze haben ihren Reiz, weil sie auf dem Balkon den Wechsel der Jahreszeiten darstellen. Für die Gehölze sind die größten verfügbaren Gefäße gerade gut genug – auch wenn es sich nur um Zwergformen handelt, die selten über 1 m groß werden. Denn nur so haben die Pflanzgefäße auch das erforderliche Gewicht, um dem Wind Stand zu halten.

Abwechslungsreiche Formen

Damit das Ganze nicht eintönig wird, sollten Sie Arten mit verschiedenen Laub- und insbesondere Wuchsformen kombinieren: Kriechende, kugelige, aufrechte und überhängende Gestalten ergeben zusammen ein lebendiges Bild. In die Zwischenräume lässt sich – je nach Farb- und Formbildung, die Sie erzeugen möchten – eine Wechselbepflanzung aus Frühlings-, Herbst- oder Winterblühern setzen. Gut passen auch Blumenzwiebeln zwischen die Gehölze.

Geeignete Baumarten

Von den Koniferen sind Zwergsorten folgender Baumarten geeignet: Eibe, Fichte, Kiefer, Lebensbaum, Wacholder und Scheinzypresse. Die meisten Koniferen sprengen nach acht bis zehn Jahren den Größenrahmen des Minigartens und müssen ausgetauscht werden. Damit dies nicht zu früh geschieht, soll-

Verschiedene Gehölze bilden das Grundgerüst der Dauerbepflanzung

Der Rhododendron ist ein immergrüner Strauch, der prachtvolle Blüten bildet

te man sich in einer guten Baumschule genau über die geeigneten Sorten und deren Wuchshöhen informieren lassen.

Immergrüne Laubgehölze wie Buchsbaum, Efeu, Scheinbeere *(Gaultheria procumbens)*, Immergrün *(Vinca)*, Kriechspindel *(Euonymus)*, Stechpalme *(Ilex crenata)* und frühjahrsblühender Rhododendron sowie Heidekräuter und Skimmie sind für die Pflanzung auf Balkon oder Terrasse ganzjährig geeignet und erfreuen im Winter z. T. sogar mit Blüten und Früchten.

Bei den laubabwerfenden Arten werden folgende Gehölze bevorzugt für die Balkon- und Terrassenbepflanzung eingesetzt: Zwergspiere *(Spiraea)*, Zwergmispel *(Cotoneaster, teils immergrün)*, Blutberberitze *(Berberis thunbergii Atropurpurea Nana)*, Fingerstrauch *(Potentilla fruticosa)* oder auch die Zwergbirke *(Betula nana)*.

Im Frühjahr pflanzen

Zur Bepflanzung ist der Frühjahrstermin zu bevorzugen, da die Gehölze bis zum Frost eingewurzelt sein sollen. Frei liegende Wurzeln sollte man einige Stunden in Wasser stellen. Gehölze reagieren meist empfindlich auf Staunässe und benötigen einen guten Wasserabfluss. Außerdem empfiehlt es sich, die Gefäße bereits vor dem Einfüllen des Substrats von innen zu isolieren. So ersparen Sie sich im Winter die Verpackung mit Styropor oder Noppenfolie und schützen den Wurzelraum trotzdem vor dem Durchfrieren. Eine jährliche Grunddüngung im Substrat und nachfolgend eine Vorratsdüngung genügen für die anspruchslosen Gehölze. Ab August ist die Nährstoffversorgung der Dauerbepflanzung einzustellen, damit das Holz bis zum Winter ausreifen kann.

Anlage und Vorarbeiten

Das richtige Werkzeug

Für die Gartenarbeit auf dem Balkon und der Terrasse gibt es einige Hilfsgeräte, die sich als nützlich und arbeitserleichternd erweisen, um die notwendigen Arbeiten fachgerecht ausführen zu können. Zunächst ist es sinnvoll, sich mit Kleidung auszurüsten, die unempfindlich gegen Schmutz und Nässe ist. Dazu gehören eine Schürze und Handschuhe. Zum Transportieren und Mischen von Substraten nehmen Sie einen Eimer oder bei größeren Mengen eine Wanne zu Hilfe. Für die Arbeiten an den Pflanzen genügen i. d. R. eine Handschaufel und eine Gartenschere. Oft erweist sich auch eine Gartenkralle als besonders hilfreich.

PFLEGELEICHT-TIPP

Bei Schnittmaßnahmen an Balkon- und Kübelpflanzen sollten Sie darauf achten, dass das Schnittwerkzeug peinlich sauber und auch scharf ist. Denn nur so werden die Triebe nicht gequetscht und die Schnittwunden dadurch unnötig noch vergrößert.

Für alle Fälle

Wer selbst aussät, braucht entsprechende flache Gefäße, ein Pikierhölzchen sowie wasserfestes Material und Stifte zum Etikettieren. Bei den Handscheren bemerkt auch der Laie schnell die Vorzüge von Qualitätswerkzeug. Griff, Klinge und Hebelübersetzung lassen genügend Spielraum für technische Feinheiten. Und natürlich benötigen Sie mindestens eine Gießkanne, um die Pflanzen bewässern zu können. Zu diesem Zweck gibt es allerdings auch ausgefeilte Hilfsmittel (s. S. 41).

PFLEGELEICHT-TIPP

Haltbare Gartenwerkzeuge

Entscheiden Sie sich beim Kauf neuer Gartenwerkzeuge für Geräte aus Edelstahl. Da diese nicht rosten, sind sie zum einen sehr pflegeleicht und haltbar, zum anderen gleiten sie besser in die Erde und erleichtern dadurch die Arbeit.

Nützliche Gartenwerkzeuge in kleinem Format

Ausschlaggebend: der Standort

Eine bunt blühende Balkonbepflanzung verschönert jede Hausfront

Unter den Pflanzenstandorten am Haus ist genau genommen zwischen Balkon, Loggia und Fenstersims zu unterscheiden. Letzterer braucht nicht weiter erläutert zu werden: Häufig werden Balkonkästen auch an einzelnen Fenstern angebracht, um das Erscheinungsbild des Hauses zu verschönern.

Balkon

Als Balkon bezeichnet man einen Anbau, der nach den Seiten offen ist, aber nach oben durch einen darüber liegenden Balkon abgedeckt sein kann. Schön bepflanzt ziert das „grüne Zimmer“ jedes Haus. Nehmen Sie bei der Planung von Pflanzkästen auch Rücksicht auf Ihre Hausmitbewohner. Insbesondere die Nachbarn in den Stockwerken unter Ihnen sind wenig erfreut, wenn Gießwasser auf ihre Wäsche tropft oder gar herunterfallende Pflanzenreste diese beschmutzen.

Loggia

Von einer Loggia ist die Rede, wenn ein Raum innerhalb des Hausgrundrisses nach einer Seite hin offen ist, wenn also sozusagen eine Außenwand fehlt. Ein solcher Standort ist natürlich geschützter als ein exponierter Balkon, was die Temperaturen sowie die Einwirkungen von Sonne, Wind und Regen betrifft.

Vorsichtsmaßnahmen

Grundsätzlich steht jedem Mieter eine Außenbepflanzung zu, sofern dadurch kein Dritter beeinträchtigt wird. In größeren Wohn-

Erfrischende Deko

✿ Wasserspiele

Wasser hat eine wohltuende Wirkung, es erfrischt, belebt und erquickt. Kaum verwunderlich also, dass Wasserspiele der Trend in jedem Garten sind. Sie besitzen lediglich einen Balkon oder eine Terrasse? Kein Problem, denn auch kleine Außenflächen kann man durch einen Miniteich oder einen kleinen Brunnen aufwerten. Hier finden Sie ein paar außergewöhnliche Inspirationen und Anleitungen, wie man Balkone und Terrassen traumhaft gestalten kann.

✿ Der Miniteich

Eine kreative Möglichkeit für Teich-Fans ohne Garten ist ein mobiler Wassergarten für Balkon und Terrasse. Diesen können Sie problemlos säubern und im Winter einräumen.

Material: 1 Gefäß (mindestens 40 cm tief; z. B. Zinkwanne, Keramiktopf mit Innenglasur, Weinfass, Holzbottich), Teicherde, Wasserpflanzen nach Wahl, Steine und (Regen-)Wasser.

Anleitung: Wählen Sie ein geeignetes Gefäß aus und überprüfen es auf seine Dichte. Legen Sie den Behälter mit Teichfolie aus und befüllen ihn mit etwas (Teich-)Erde. Setzen Sie Wasserpflanzen Ihrer Wahl mitsamt den Pflanzkörben ein, damit die Erde an den Wurzeln zusammengehalten wird. Beschweren Sie sie nun mit (Kiesel-)Steinen, damit sie nicht hochgeschwemmt werden. Übereinander geschichtete Ziegelsteine schaffen nach dem Vorbild der Natur verschiedene Höhen für unterschiedliche Uferzonen und Wuchstiefen. Zum Schluss muss Ihr Miniteich einfach nur noch mit Regenwasser aufgefüllt werden.

Tipp: Für Balkonteiche empfehlen sich kleine Wasserpflanzen wie die Sumpfdotterblume und spezielle Seerosenarten – Plastikseerosen gehen natürlich auch!

✿ Springbrunnen

Eine Möglichkeit, Balkon oder Terrasse mit Wasserspielen zu gestalten, ohne selbst zu werkeln: In Gartencentern gibt es unzählige Sorten von Springbrunnen (Solarspringbrunnen, Kaskadenbrunnen), die sogar auf Balkon und Terrasse genügend Platz finden.

blocks allerdings ist die Gestaltung dieser Standorte oft reglementiert. Dort gibt es dann z. B. Vorschriften für die Aufhängung der Balkonkästen oder das Anbringen von Markisen und Rankgerüsten. Unbedingt beachten sollte man eine ausreichende Statik bzw. das zulässige Gewicht der Balkonausstattung: Größere Gefäße mit nassem Substrat, aber auch kleine Wasserbassins können nämlich ein beträchtliches Gewicht erreichen. Überladen Sie Ihren Balkon auf keinen Fall! Kästen oder Einzelgefäße sollten Sie immer so sichern, dass sie nicht herunterfallen können. Im Fachhandel gibt es stabile Haken für die Aufhängung der Balkonkästen, die für verschiedene Brüstungsstärken geeignet sind. Lassen Sie sich am besten von einem Fachmann beraten.

Der größte Blütenerfolg lässt sich auf Balkonen und Terrassen mit Südausrichtung erzielen

Lage

Die meisten Balkon- und Terrassenpflanzen gedeihen besonders gut im vollen Licht der Sonne. Auf nach Süden ausgerichteten Flächen lässt sich also die größte Blütenpracht erzielen – vorausgesetzt es gelingt, ausreichend zu düngen und zu gießen. Letzteres kann an heißen Sommertagen nämlich durchaus aufwendig werden. Ost- und Westseiten sind in dieser Hinsicht ein Kompromiss. Hier gedeihen Pflanzen, die zwar aufgrund der geringeren Sonneneinstrahlung nicht ganz so reich blühen, dafür aber weniger Wasser benötigen und somit leichter zu pflegen sind. Aber schon westliche Standorte heizen sich in der Nachmittagssonne stärker auf und erfordern eine intensivere Bewässerung als östliche. Für die Nordseiten steht i. A. ein deutlich kleineres Pflanzensortiment zur Verfügung, das eher von feinen Strukturen lebt als von kräftigen Farben. An windexponierten Standorten sollten Sie auf hochwüchsige Pflanzen ebenso verzichten wie auf riskante Befestigungen.

Die Wahl des richtigen Pflanzgefäßes

Bei manchen Balkonen oder Terrassen wurden bereits vom Architekten Pflanzgefäße vorgesehen. In diesem Fall sollten Sie einen Fachmann zurate ziehen, um für die vorhandenen Gefäße die optimale Bepflanzung auszuwählen. In allen anderen Fällen sollten Sie genau planen, worin die Pflanzen wurzeln sollen. Der passende Behälter ist dabei nicht nur auf die Pflanzengröße und den Umfang des Wurzelballens abzustimmen. Auch die Eigenschaften des Standorts sowie der Umgebung nehmen Einfluss auf die Auswahl des passenden Gefäßes, sowohl hinsichtlich praktischer als auch ästhetischer Gesichtspunkte. Grundsätzlich ist zu beachten, dass bei allen im Folgenden vorgestellten Materialien Abzugslöcher unverzichtbar sind.

INFO

Absprache mit Vermieter
Es empfiehlt sich, mit dem Vermieter zu sprechen und dessen Erlaubnis einzuholen, bevor größere Veränderungen oder Bohrungen an der Außenwand vorgenommen werden.

Achten Sie beim Kauf von Pflanzgefäßen aus Ton darauf, dass diese frostfest sind

Materialien

Ton und Terrakotta: Gefäße aus Ton und Keramik sind relativ schwer und standfest. Von billig bis hochwertig gibt es dabei verschiedenste Verarbeitungen. Weil die Gefäße sozusagen atmen, sorgen sie für einen Klimaausgleich zwischen dem Innen- und dem Außenbereich. Deshalb ist im Sommer häufiges Gießen besonders wichtig, da sonst die Pflanzen zu schnell austrocknen. Glasierte Ton- oder Steingutgefäße sind edler und kostspieliger als die unglasierten. Schon deshalb sollten Sie bei diesen Materialien darauf achten, dass sie frostfest sind und nicht im Winter durch ein Ausdehnen der feuchten, gefrierenden Erde gesprengt und zerstört werden.

Natur- und Kunststein: Gefäße aus Natursteinen – meist aus Marmor, Sand- oder Kalkstein – sind im Normalfall nicht ganz billig und bei größeren Maßen schwierig zu transportieren. Solche Steintröge eignen sich sehr gut für flachwüchsige Arten und werden gerne mit alpinen Stauden bepflanzt. Häufiger allerdings findet man Gefäße aus Kunststein, da diese preisgünstiger und in einer größeren Vielfalt erhältlich sind. Gefäße aus Kunststein werden beispielsweise aus gemahlenem Quarz, weißem Zement oder Kunststoff hergestellt. Beachten Sie, dass Betongefäße ein hohes Eigengewicht aufweisen und deshalb nur ebenerdig verwendet werden sollten. Am weitesten verbreitet sind Pflanzgefäße aus Faserzement. Faserzementkästen sind frostbeständig und atmungsaktiv, aber auch stoßempfindlich. Es gibt sie in verschiedenen Farben und Größen, insbesondere in weitaus größeren Formaten als die gängigen Kunststoffkästen. Beachten Sie jedoch, dass großformatige Kästen natürlich auch sehr schwer sind.

Kunststoff: Pflanzbehälter aus Kunststoff sind i. d. R. preiswert. Außerdem sind sie lange haltbar, haben wenig Gewicht und werden

PFLEGELEICHT-TIPP

Schutz vor Regen

In besonders niederschlagsreichen Regionen gedeihen einige Pflanzen nur unter dem Schutz eines Dachs zufriedenstellend. Unter Dauerregen werden ihre Blüten rasch unansehnlich oder öffnen sich erst gar nicht.

in allen denkbaren Größen und verschiedenen Farben angeboten. Beim Kauf ist jedoch zu beachten, dass Töpfe aus minderer Qualität relativ rasch spröde werden und brechen können. Der Nachteil dieser Gefäße liegt in ihrer geringen Standfestigkeit und im ästhetischen Bereich. Beliebt sind vor allem Kunststoffkästen, die klassischen Materialien und Formen nachempfunden sind, aber gegenüber den Originalen wesentlich leichter und preisgünstiger sowie frostbeständig sind. Im Übrigen gibt es bei diesem Material zahlreiche Bauweisen, die mit einem Wasserreservoir ausgestattet sind. Ein solches erweist sich in heißen Sommerperioden oder in Zeiten der Abwesenheit als äußerst nützlich.

Holz: Holz sieht nicht nur natürlich aus, das biologische Material wirkt auch ausgleichend auf den Wurzelraum: Es isoliert ihn sowohl gegen sommerliche Hitze als auch gegen Frost. Das Material natürlichen Ursprungs passt zum lebendigen Inhalt und schafft eine gemütliche Atmosphäre. Außerdem hat Holz den Vorteil, dass man sich mit etwas handwerklichem Geschick selbst einen Behälter nach Maß bauen kann. Die Seiten werden dabei um den Boden herumgesetzt, weil andernfalls leicht durchbricht. Durch Verfugen wird die Konstruktion stabiler als ein Pflanzkasten, welcher nur mit Schrauben und Nägeln gefertigt wurde. Um einer allzu raschen Verrottung des Holzes vorzubeugen, sollte man Schutzmaßnahmen ergreifen – beispielsweise den Innenraum mit einer Folie auslegen. Damit diese nicht unnötig ins Auge fällt, sollte sie knapp unterhalb des Randes befestigt werden. Natürlich darf man auch hier

Pflanzgefäße aus Holz isolieren im Sommer gegen Hitze und im Winter gegen Frost

Windspiele

✿ Originelle Deko

Nicht nur für Familien mit Kindern ein tolles Extra: Windspiele. Schon bei einem leichten Luftzug drehen sie sich im Wind und glitzern in den unterschiedlichsten Farben. Das ideale Accessoire für den Blumentopf auf dem Balkon oder im Terrassengarten – und eine originelle Dekoration für Kindergeburtstage und die Grillparty mit Freunden. Das Beste daran ist: Mit nur wenig Aufwand kann man selbst ein Windrad basteln.

✿ Windrad

Material: Tonkarton A4, Rundholzstab (Ø ca. 1,2 cm), 2 Holzperlen (Ø 8 mm), Kupferdraht (Ø 0,3 mm), Zirkel, Lochzange, Bohrer (Ø 1,5 mm)

In den Rundholzstab ein Loch bohren. Aus dem Tonkarton ein Quadrat von 16 cm Seitenlänge ausschneiden. Die gegenüberliegenden Ecken des Quadrats mit Bleistiftlinien verbinden. Im Mittelpunkt, wo sich die Linien kreuzen, den Zirkel einstechen und im Radius von 2,5 cm einen Kreis ziehen. Die Ecken des Quadrats bis zur Kreislinie einschneiden und in jeden Flügel mit der Lochzange ein Loch stanzen. Den an einem Holzstab befestigten Kupferdraht samt einer aufgefädelten Holzperle von hinten durch die Mitte des Kartonquadrats stecken. Die vier gelochten Flügelspitzen und eine weitere Holzperle auffädeln. Dann den Draht zu einer Öse biegen und den überstehenden Rest abzwicken.

Tipp: An einem Rundholzstab können auch mehrere Windräder befestigt werden. Sollen die Windräder im Freien stehen, wetterfeste Folie verwenden.

✿ Windradgirlande

Material: Windräder, stabile Kordel, dicke Nadel oder Dorn zum Dosenöffnen

Mit einer dicken Nadel Löcher in die Mitte der Windräder stechen. Windräder nach und nach auf die Kordel ziehen.

Tipp: Damit die Windräder nicht verrutschen, die Kordel jeweils vor und hinter jedem Windrad verknoten.

nicht vergessen, Abzugslöcher, idealerweise im Abstand von etwa 20 cm, vorzusehen. Beim Schutzanstrich ist darauf zu achten, dass keine schädlichen Mittel verwendet werden, die das Pflanzenwachstum gefährden. Teeröle sind deshalb z. B. ungeeignet. Verwenden Sie besser Mittel auf der Basis von Borsalzen. Übrigens: Harthölzer sind von Natur aus besser haltbar als Weichhölzer.

Rankhilfen

Hochwüchsige oder gar kletternde Pflanzen sind oft auf Gerüste angewiesen. Diese geben den Pflanzen Halt und gewähren meist auch Schutz vor unerwünschten Einblicken. Im Fachhandel gibt es zahlreiche Kletterhilfen aus Holz oder kunststoffummanteltem Metall in verschiedenen Formen und Farben.

Das richtige Substrat

Im Gefäß steht der Pflanze nur ein winziges Substratvolumen zur Verfügung. Die Erde muss Perioden der Trockenheit ebenso überstehen wie anhaltende Nässe und dabei gleichzeitig auch noch Luft und Nährstoffe speichern. Krankheitserreger oder Schadstoffe dürfen im Substrat natürlich nicht enthalten sein. Kurzum: Das Substrat ist mit entscheidend für den Erfolg der Pflanzungen

PFLEGELEICHT-TIPP

Qualitätserde
Es empfiehlt sich, beim Kauf von Erde nicht zu sparen. Billigprodukte können Krankheitserreger oder Schadstoffe enthalten.

Ein gutes Substrat ist entscheidend für den Gesundheitszustand Ihrer Balkon- und Terrassenpflanzen

auf Balkon und Terrasse. Beachten Sie jedoch, dass die angebotenen Substrate nicht alle gleichwertig sind. Die Erde enthält i. d. R. einen Vorrat an Nährstoffen, mit denen die Pflanzen eine Zeit lang auskommen können. Am besten gedeihen sie bei einem Säuregrad (pH-Wert) im Bereich zwischen 5,5 und 7. Qualitätserde wird noch überwiegend aus Torf hergestellt. Dieser wird mit Kompost sowie verschiedenen Zusatzstoffen gemischt. Falls möglich, ist es jedoch ratsam, auf Torf zu verzichten, weil bei seinem Abbau wertvolle Lebensräume zerstört werden. Rindenhumus dagegen wird aus kompostierten Rindenschnitzeln gewonnen. Auch Holzfasern (Culti Fibre) sowie Komposterde aus Grünabfällen und organischem Müll werden häufig als Torfersatz verwendet.

Pflanzerde lässt sich natürlich auch selbst herstellen. Allerdings wird sie selten den selben Ansprüchen genügen können wie eine hochwertige Markenerde. Normalerweise wird dazu die eigene Gartenerde verwendet: Mischen Sie diese zu je einem Drittel mit Reifkompost und Sand. Den Kompost können Sie entweder aus der eigenen Herstellung benutzen oder im Fachhandel erwerben. Da er i. d. R. mit Ausnahme von Stickstoff alle wichtigen Nährstoffe enthält, sollten Sie nur noch ein wenig Hornmehl aus der Gärtnerei beigeben. Ein Kasten von etwa 1 m Länge erhält ca. zwei volle Handschaufeln Hornmehl in die Erdmischung. Fehlt nährstoffreicher Kompost völlig, so können Sie durchaus auch einen Vorratsdünger wie Osmocote oder Plantacote zusetzen, um die Grundbedürfnisse der Pflanzen ausreichend zu stillen.

Statt Gartenerde dürfen Sie auch beispielsweise Rindenhumus oder Erde von Maulwurfshügeln verwenden. Schwere Gartenerde lässt sich am besten durch den Zusatz von Styromull verbessern. Bei eher sandigem Ausgangsmaterial hingegen empfiehlt es sich, der Erde tonhaltiges Gesteinsmehl zuzusetzen.

INFO

Rindenhumus

Verwechseln Sie Rindenhumus nicht mit Rindenmulch: Dieser ist grob geschnitzt, also nicht völlig verrottet, und enthält zudem Substanzen, die das Pflanzenwachstum beeinträchtigen.

Schwere Gartenerde lässt sich mit Styromull verbessern

Pflegearbeiten

Pflanzenanzucht

Die Lebensdauer der meisten Balkonpflanzen ist nur auf eine Saison abgestimmt. Deshalb muss ein Großteil von ihnen jedes Jahr neu ausgesät werden. Am einfachsten ist es natürlich, diese Arbeit dem Gärtner zu überlassen und dort die Pflanzen erst dann zu erwerben, wenn die Bepflanzung erfolgen soll. Die professionelle Anzucht in der Gärtnerei hat für die Jungpflanzen einige Vorteile: Viele Arten stellen hohe Ansprüche an Licht und Wärme, denen der Hobbygärtner ohne Gewächshaus gar nicht gerecht werden kann. Und unter den günstigen Bedingungen beim Gärtner vorgezogen, kommen viele Blumen darüber hinaus meist wesentlich früher zur Blüte und begrüßen so bereits den Sommer.

Eigenanzucht

Allerdings gibt es auch einige Gründe, die für die Eigenanzucht sprechen: So kann man

PFLEGELEICHT-TIPP

Keimprobe
Ältere Samenvorräte sollten Sie unter Umständen einer Keimprobe unterziehen, um einer Enttäuschung vorzubeugen. Dazu streuen Sie ein bis zwei Dutzend Samenkörner auf ein Haushaltspapier und decken sie mit einer weiteren Lage zu. Das Ganze wird auf einem Teller durchgehend feucht gehalten. Nach einer Keimzeit von einer bis höchstens vier Wochen lässt sich beurteilen, ob der Anteil der gekeimten Samen ausreichend groß ist. Im ungünstigen Fall benötigen Sie neues Saatgut.

Wer Pflanzen selbst züchtet, kann sich Sorten heranziehen, die genau den individuellen Wünschen entsprechen

Vor der Aussaat wird die Erde glatt gestrichen

sich beispielsweise Sorten heranziehen, die genau die gewünschten Eigenschaften hinsichtlich Farbe, Blütezeit etc. haben. Beim Gärtner oder im Handel sind diese unter Umständen nicht erhältlich. Auch kommt die Aussaat mehrerer Pflanzen derselben Art natürlich günstiger als der Zukauf. Die Eigenanzucht ist jedoch im normalen Haushalt relativ problematisch, da die jungen Pflanzen meist einen warmen und gleichzeitig möglichst hellen Standort benötigen. Wenn diese notwendigen Verhältnisse im Freien endlich vorhanden sind, ist es meist schon sehr spät im Jahr und die gesäten Blumen würden dann erst im Hochsommer blühen.

Vorziehen

Viele Pflanzenarten müssen bereits ab März bzw. April an einem geschützten Ort vorgezogen werden. Optimale Bedingungen für die Anzucht von Pflanzen herrschen natürlich in

INFO

Dunkelkeimer

Bei den meisten Pflanzenarten handelt es sich um sogenannte Dunkelkeimer, die mit einer lockeren Substratschicht abgedeckt werden. Als Faustregel für die Saattiefe gilt: etwa das Zwei- bis Dreifache des Samenumfangs. Abschließend wird das Ganze vorsichtig überbraust. Eine lichtdurchlässige Abdeckung während der ersten Wochen erhöht die Luftfeuchtigkeit und damit die Erfolgsaussichten der Keimung. Im Übrigen empfiehlt es sich, die Aussaaten sogleich zu kennzeichnen, damit Sie später leicht erkennen, welche Saat aufgegangen ist und auf welche Blütenpracht Sie sich freuen können.

einem beheizten Gewächshaus. Sie können aber durchaus auch ein Fensterbrett für diesen Zweck benutzen. Wenn sich darunter ein Heizkörper befindet, so ist diese „Bodenheizung“ für die Keimung zunächst von Vorteil. Sobald jedoch die Pflanzen ausgekeimt sind, ist hier die Gefahr sehr groß, dass sie austrocknen. Dasselbe gilt natürlich auch für ein voll besonntes Südfenster. Hier müssen die zarten Pflänzchen sorgfältig gegossen und ggf. schattiert werden. Die Gefäße zur Aussaat sollten stets flach sein und über Löcher für den Wasserabzug verfügen. Das überschüssige Wasser wird vorzugsweise in einem Untersetzer aufgefangen. Multitopfplatten oder Torfpresstöpfe bieten jedem einzelnen Keimling seinen eigenen Wurzelballen, mit dem er sich später problemlos umpflanzen lässt.

ÖKO-TIPP

Anzuchterde selbst herstellen

Für den, der seine Pflanzen gern und häufig selbst kultiviert, lohnt es sich, die Erde für die Anzucht selbst herzustellen. Je ein Drittel Erde (z. B. Komposterde), Sand und Torf werden gründlich miteinander vermischt und anschließend durchgesiebt. Füllen Sie dann das Substrat in einen alten Metalltopf und stellen Sie es für eine halbe Stunde bei 100 bis 120 °C in den Backofen, damit es keimfrei wird.

Anzuchterde

Eine besonders wichtige Rolle bei der Aussaat kommt dem Substrat zu. Es sollte nährstoffarm und feinkörnig sein sowie günstige Eigenschaften der Luft- und Wasserführung aufweisen, um den Erfolg der Anzucht sicherzustellen. Lassen Sie beim Einfüllen des Substrats mindestens 1 cm Gießrand bis zur Gefäßoberkante und drücken Sie es mit einem Brettchen glatt und fest. In diesen Untergrund können Sie die Samen in gleichmäßigen Abständen einlegen oder ausstreuen. Vereinzeln Sie die Keimlinge ohne eigenen Wurzelballen, sobald diese mit den Fingern zu fassen sind. Dazu lösen Sie die Wurzeln mithilfe eines Pikierhölzchens vorsichtig heraus und kürzen sie mit den Fingernägeln etwas ein. Anschließend versenken Sie die Wurzeln, möglichst ohne sie umzubiegen, wieder in eine vorgestochene Grube und bringen sie durch seitliches Andrücken gut mit der Erde in Kontakt. Diese sollte nährstoffreicher sein als die Aussaaterde. Beim Angießen werden die Wurzeln endgültig eingespült.

Stecklingsvermehrung

Die überwinterungsfähigen, krautigen oder holzigen Pflanzenarten lassen sich meist auch durch Stecklinge vermehren. Die Eigenschaften der jeweiligen Sorte bleiben dabei identisch erhalten. Bei bekannten Balkonblumen wie Geranien und Fuchsien ist dies eine bewährte Methode, um die Bestände aufzufrischen. Stecklinge können auch

Bis zur Bewurzelung in der Erde werden die Stecklinge in Wasser gestellt

Danach werden die Stecklinge in Erde bewurzelt

anstatt ganzer Pflanzen überwintert und erst im Frühjahr bewurzelt werden. Bei Kübelpflanzen wie z.B. Engelstrompete, Oleander, Roseneibisch oder Schönmalve dauert es freilich etwas länger, bis man ausgewachsene und blühende Pflanzen erzielt. Die Stecklinge fallen häufig von selbst an, beispielsweise wenn man groß gewachsene Pflanzen vor dem Einräumen im Herbst zurückschneidet. Schlagen Sie die abgetrennten Pflanzenteile dann in Sand ein und lassen Sie sie an einem kühlen, aber frostfreien Platz überwintern.

Frühjahrs- oder Sommerstecklinge

Wer die Pflanzen erst vor dem Austrieb im Frühjahr schneidet, kann die Stecklinge gleich zur Bewurzelung in ein lockeres, nährstoffarmes Substrat in ein ausreichend tiefes Gefäß stecken. Am besten gelingt die Stecklingsvermehrung allerdings, wenn Sie im Hochsommer blütenlose Triebe schneiden und einige Wochen später bewurzeln. In diesem Fall müssen dann kleine, bereits bewurzelte Stecklingspflänzchen überwintert werden. Zur Stecklingsvermehrung werden etwa 10 bis 15 cm lange Triebspitzen verwendet, die nicht verholzt, aber auch nicht mehr zu weich sein sollten. Die Wurzeln treiben bevorzugt aus den Blattansatzstellen, von denen mindestens zwei unter die Erde kommen sollen – die Blätter werden hier natürlich entfernt. Auch über der Erde sollten nicht zu viele Blätter belassen werden, weil sie Wasser benötigen – und das ist ohne intakte Wurzeln rar. Entscheidend für den Erfolg sind u.a. eine ausreichende Bodenwärme von etwa 20 °C und eine hohe Luftfeuchtigkeit. Diese hilft den Pflanzen, bis zur Bewurzelung zu überleben.

Luftfeuchtigkeit

Eine ausreichende Luftfeuchtigkeit lässt sich beispielsweise durch ein Überdecken der Pflanze mit einer lichtdurchlässigen Haube aus Folie erreichen. Die Triebe sollten nun gut eingeschlämmt, aber nicht dauerhaft vernässt werden, da sie sonst nur faulen. Einige Pflanzenarten wie Fuchsie oder Oleander treiben auch in einem Wasserglas erste Wurzeln, und man kann sie dann bereits nach einigen Wochen einpflanzen.

Einpflanzen und Umtopfen

Zur Bepflanzung sowie für Umtopfarbeiten eignet sich am besten ein bewölkter Tag, an dem Pflanzen und Wurzeln unbeeinträchtigt von zu starker Sonne und Hitze bleiben. Die jungen Pflanzen sollten jedoch in den Wochen zuvor ausreichend abgehärtet und auf diese Weise auf die kühlen Nächte vorbereitet werden. So können sie sich optimal entwickeln.

Überwinterte Pflanzen werden häufig schon ab März in geeignete Behälter gesetzt, weil dann der Austrieb beginnt und sich die neu kombinierten Kästen an etwas wärmeren und helleren Plätzen vortreiben lassen. Gekaufte oder vorgezogene Pflanzen hingegen sollten Sie erst dann einpflanzen und im Freien belassen, wenn die Frostgefahr endgültig vorüber ist. Um die Pflanzen nicht zu sehr in ihrer Entwicklung zu beeinträchtigen, sollten die Wurzelballen zu einem möglichst großen Teil erhalten bleiben.

Lockern Sie das Wurzelwerk, drücken Sie nach dem Austopfen die Pflanzen gut an und gießen Sie sie reichlich

ÖKO-TIPP

Unkrautfreie Töpfe und Kübel

Auch auf Balkon und Terrasse kann Unkraut lästig werden. Gerade bei großen Kübeln bleibt eine beträchtliche Fläche Erde frei. Um den Unkrautwuchs zu unterdrücken, können Sie zur Vorbeugung die unbewachsenen Stellen mit einer Schicht Kieselsteinen oder Rindenmulch abdecken. Außerdem bleibt das Substrat unter der Mulchschicht feucht und Sie brauchen weniger zu gießen.

Wie die Profis

Sofern Sie keine neuen Gefäße verwenden, sollten Sie diese vor einem erneuten Einsatz gut reinigen, um evtl. vorhandene Keime zu entfernen. Die Abzugslöcher werden meist mit Tonscherben abgedeckt, damit die Erde diese nicht verstopft oder gar mit dem austretenden Wasser ausläuft. Ist der Behälter tief genug, empfiehlt es sich, als unterste Füllung eine Dränageschicht aus Blähton o. Ä. einzufüllen. So kann der Wasserhaushalt besser reguliert werden. Untersetzer werden einerseits verwendet, um Verunreinigungen durch ausgespültes Substrat zu vermeiden, sind andererseits aber auch als kleines Wasserreservoir für die durstigeren Arten im Sommer praktisch.

So geht's

Handelsübliche Balkonerde ist normalerweise vorgedüngt. Wer besonders bedürftige Pflanzen beherbergen will, der kann zusätzlich einen langfristig wirksamen Dünger einmischen. Beim Einfüllen des Substrats sind immer 1 bis 2 cm Abstand zum Rand – sozusagen ein Gießrand – einzuhalten. Nun können Sie die Pflanzen in die Erde setzen – i. d. R. genauso tief wie zuvor. Die Abstände zwischen den Pflanzen – etwa 10 bis 30 cm – hängen von ihrer Wüchsigkeit und von der Größe der Gefäße ab: Je mehr Wurzelraum insgesamt zur Verfügung steht, desto enger dürfen die Pflanzen stehen. Beachten Sie, dass die Erde und insbesondere die Wurzelballen dabei gut befeuchtet sein sollten. Die äußeren Wurzelflächen sollten Sie gezielt etwas aufrauen, damit die Pflanzen das frische Substrat besser aufnehmen.

Dauerbepflanzung

Eine Dauerbepflanzung mit winterharten Gehölzen und Stauden wird ebenfalls am besten im Frühjahr angelegt. Eine Herbst oder Winterpflanzung lässt sich bis Oktober zusammenstellen. Jedoch gilt auch hier die Regel: Je früher eingepflanzt wird, desto besser ist es für die Entwicklung der Pflanzen. Für das Umtopfen gelten i. A., Gefäße, Substrat und den Ablauf betreffend, dieselben Regeln. Ein Umtopfen wird spätestens dann nötig, wenn Dauerbepflanzungen umgrup-

ÖKO-TIPP

Verrottbare Gefäße

Balkonblumen für Kästen werden i. d. R. in größeren Stückzahlen gekauft. Um Müll zu vermeiden, sollten Sie solche Pflanzen bevorzugen, die in Töpfen aus verrottbarem Material, z. B. Recyclingpapier, angeboten werden. Diese Art von Behälter kann man miteinpflanzen oder auf den Kompost geben.

piert werden sollen oder wenn eine Kübelpflanze für ihren Behälter zu groß geworden ist. Gerade bei älteren Kübelpflanzen sind der Topfgröße aber irgendwann Grenzen gesetzt: Man denke nur an den enormen Platzbedarf und das Gesamtgewicht, wenn die Pflanze im Spätherbst ins Winterquartier transportiert werden muss. In solchen Fällen genügt es auch, ersatzweise etwas von der verkrusteten Substratoberfläche zu entfernen und ein wenig frische Erde aufzustreuen.

Richtig gießen

Wasser ist für die Pflanzen lebensnotwendig. Und weil die Behälter auf Balkon und Terrasse wesentlich weniger Wasser speichern können als der natürliche Boden, müssen sie besonders ausgiebig gegossen werden. Darüber hinaus ist der Bedarf abhängig von individuellen Ansprüchen und vom Entwicklungsstadium der Pflanzen, von der Witterung und natürlich vom Standort. Obwohl kleine Pflanzen weniger verbrauchen als ausgewachsene, darf bereits in den Wochen nach der Pflanzung reichlich gegossen werden.
In Blumentöpfen trocknet das Substrat rasch aus. Ist der Wurzelballen extrem trocken, hilft ein Tauchbad. Füllen Sie einen Eimer zur Hälfte mit Wasser und drücken Sie den Blumentopf bis über den Rand hinein. Legen Sie einige größere Kieselsteine auf die Topferde, damit der Wurzelballen nicht nach oben steigt. Der Topf bleibt so lange im Wasser, bis keine Luftblasen mehr aufsteigen. Das dauert i. d. R. zehn bis 15 Minuten.

PFLEGELEICHT-TIPP

Abgekochtes Gießwasser

Leitungswasser ist nicht allerorts und für alle Pflanzen gleichermaßen zum Gießen geeignet. Entscheidend ist die Wasserhärte, die durch den Gehalt an verschiedenen Salzen bestimmt wird. Je höher die Konzentration an Salzen ist, desto härter ist das Wasser, was nicht jede Pflanze gut verträgt. Hat man keine Möglichkeit, Regenwasser zu sammeln, kann auch abgekochtes Wasser zum Gießen verwendet werden, da sich die Salze beim Kochen weitgehend als Kesselstein niederschlagen. Man kann z. B. das Kochwasser von Eiern, Kartoffeln oder Gemüse zu diesem Zweck sammeln.

Wasserbedarf

In den Sommermonaten ist der Wasserverbrauch oft schwer zu bewältigen. Vor einer voll besonnten Südwand benötigen die Blumen deutlich mehr Wasser. Überdachte Pflanzungen werden nicht von den Niederschlägen erreicht und müssen daher noch sorgfältiger beobachtet und bewässert werden. Balkonpflanzen, beispielsweise Petunien-Hybriden oder Goldzahn, sowie Kübelpflanzen, etwa die Engelstrompete, müssen in der sommerlichen Hitze oftmals sogar zweimal täglich gegossen werden. Durch das häufige Gießen

PFLEGELEICHT-TIPP

Sparsam gießen

Gießt man die Pflanzen im Topf von Anfang an eher sparsam, gewöhnt man sie allmählich daran, d. h. sie passen ihr Wurzelwerk und auch das Wachstum der Triebe an die geringe Feuchtigkeit an. So ertragen sie mit der Zeit immer längere Trockenperioden. Dadurch brauchen Sie seltener zu gießen und haben weniger Arbeit. Auch für die Versorgung der Pflanzen während des Urlaubs bringt der niedrige Wasserbedarf Vorteile.

kann die Substratoberfläche in den Pflanzgefäßen verhärten. Die verdichtete Erde erschwert den Wurzeln den Sauerstoffaustausch. Deshalb sollten Sie die verkrustete Oberfläche mit einer kleinen Handharke regelmäßig lockern; achten Sie darauf, dass die oberen Wurzeln dabei nicht verletzt werden.

Am besten wird am Morgen oder am Abend gegossen. Zuvor sollte jeweils die Erde einigermaßen abgetrocknet sein, damit die Wurzeln nicht faulen. Dann allerdings dürfen Sie durchdringend gießen – jedoch nicht über Blätter oder gar Blüten, sondern direkt ins Gefäß. Das Leitungswasser ist vielerorts sehr hart und kalkreich. Lässt man es tageweise abstehen, gleicht sich die Wassertemperatur der Umgebung an, und der Kalk setzt sich einfach ab.

Bewässerungstechnik

Manche Pflanzbehälter sind bereits mit einer Vorrichtung für einen Wasservorrat ausgestattet, aus dem das Substrat durch Dochtwirkung über eine längere Periode versorgt wird. Nach diesem Prinzip kann man auch externe Gefäße durch eine saugfähige Schnur mit der Pflanzerde verbinden. Bei einer automatischen Bewässerung wird per Tensiometer (Feuchtigkeitsfühler) die Substratfeuchtigkeit kontrolliert und somit die Bewässerung geregelt. Das Wasser wird durch dünne Kunststoffschläuche zu den Tropfstellen geführt, die man in gleichmäßigen Abständen im Kasten verteilt. Da die Tropfstellen ohne Druck arbeiten, ist am Wasseranschluss ein Druckminderer erforderlich.

Lassen Sie Leitungswasser vor dem Gießen eine Weile stehen, damit sich der Kalk absetzen kann

Gießen Sie Ihre Pflanzen direkt ins Gefäß und nicht auf die Blüten oder Blätter

PFLEGELEICHT-TIPP

Regenwasser

Regenwasser lässt sich in einem Fass oder in anderen Behältern speichern, von denen aus Sie sogar eine Bewässerungsanlage betreiben können. Solche technischen Hilfsmittel können auch die Versorgung während des Urlaubs sicherstellen, wenn man sich nicht auf die Unterstützung von Freunden verlassen will.

Außerdem empfiehlt es sich, einen Filter vorzuschalten, damit die Anlage nicht verstopft. Halb automatische Systeme verfügen über steuerbare Ventile, müssen aber von Hand eingeschaltet werden und eignen sich deshalb nicht für längere Abwesenheit. Dem aktuellen Stand der technischen Entwicklung hingegen entsprechen computergesteuerte Bewässerungssysteme. Je nachdem, wie viel Sie zu investieren bereit sind, gibt es kaum mehr Wünsche oder individuelle Pflanzenbedürfnisse, die unerfüllt bleiben müssen.

Düngen wie die Profis

Häufig wird dem handelsüblichen Substrat eine Grunddüngung beigemischt. Plantacote oder Osmocote sind, bei denen sich die Nährstoffe in einer Ummantelung befinden, und über einen Zeitraum von etwa drei Monaten hinweg stetig freigesetzt werden. Dann muss allerdings nachgedüngt werden, um den Nährstoffvorrat aufzufüllen. Auch organische Dünger werden erst nach und nach freigesetzt. Naturnahe Pflanzungen und Dauerpflanzungen sowie Kräuter begnügen sich i. d. R. mit einer solchen Versorgung.

Düngerqualität

Qualitativ hochwertigen Dünger erkennt man nicht unbedingt am Preis, auch mit kostengünstigen Produkten kann man eine gute Nährstoffversorgung erzielen. Wichtig ist v. a. das Verhältnis an Stickstoff, Phosphor und Kalium. Außerdem sollte auf der Verpackung in jedem Fall der Kalkgehalt und die Beimischung von Spurenelementen wie beispielsweise Molybdän und Eisen vermerkt sein. Diese werden zwar in sehr gerin-

PFLEGELEICHT-TIPP

Eisenmangel bei Pflanzen

Vergilbungen zwischen den Blattadern sind meist ein Hinweis auf Eisenmangel, der häufig bei zu hohen pH-Werten in Substrat und Wasser auftritt. Langfristig sollten Sie diese Bedingungen verbessern, kurzfristig können Sie mit einem eisenhaltigen Präparat die Versorgung gewährleisten.

gen Mengen gebraucht, sind aber unverzichtbar für die gesunde Entwicklung von Pflanzen.

Intensive Düngung

Die meisten Kübel- und Kastenblumen müssen intensiv gedüngt werden, wenn sie über einen möglichst langen Zeitraum hinweg üppig blühen sollen. Eine gründliche Düngung ist erst dann nötig, wenn die Pflanzen gut eingewurzelt sind, was im Schnitt ab Mitte Juni der Fall ist. Überwinterte Pflanzen hingegen können Sie umgehend düngen, sobald sie ins Freie geräumt werden. Vor der Düngegabe darf die Erde nicht völlig ausgetrocknet sein, da es sonst zu Verbrennungen an den Wurzeln kommen kann. In Pflanzgefäßen kann man relativ bedenkenlos zu mineralischen Flüssigdüngern greifen, weil hierbei weder Bodenleben noch Grundwasser geschädigt werden. Trotzdem gibt es im Handel auch einige humushaltige Präparate, die das Gedeihen der Pflanzen durch eine Substratbelebung zusätzlich fördern. Bei den mineralischen Düngern kommt es darauf an, dass man sich an die Verdünnung und Dosierung hält, wie sie auf dem Etikett angegeben ist.
Wenn Sie Ihre Topfpflanzen versehentlich in zu hoher Konzentration gedüngt haben, so können Sie versuchen, die überschüssigen Nährstoffe durch besonders ausgiebiges und häufiges Wässern zumindest teilweise wieder auszuschwemmen.

Gut gedüngte Pflanzen erfreuen mit üppiger Blüte

Flüssigdüngung

Wer über eine automatische Bewässerung verfügt, kann die Flüssignahrung mittels eines Düngemischers gleich mit der Wassergabe verabreichen. Besonders hungrig sind u.a. die Pflanzenarten, die auch wegen ihres hohen Wasserbedarfs bekannt sind, z.B. Geranien. Während bei durchschnittlichen Bepflanzungen eine wöchentliche oder gar 14-tägige Flüssigdüngung ausreicht, zeigen Pflanzen ihre volle Pracht erst, wenn sie im Sommer zweimal wöchentlich zusätzlich gedüngt werden. Dies kann bis Ende September sinnvoll sein. Danach sollte man die Düngung bis zum Frühjahr einstellen. Bei Pflanzenarten jedoch, die überwintern sollen, insbesondere bei Kübelpflanzen, sind die Düngemaßnahmen bereits ab Mitte August einzustellen. Dies ermöglicht ein Ausreifen der Pflanzen, die dann in die Winterruhe gehen können.

PFLEGELEICHT-TIPP

Stufenweise düngen

Günstig auf Wachstum und Blühvermögen wirkt es sich aus, wenn Sie die Düngergaben ab Saisonbeginn nur langsam auf die erforderliche Höchstmenge steigern und ab Spätsommer nach und nach wieder reduzieren.

Organische Dünger

Die meisten im Handel angebotenen Düngemittel sind Kunstdünger, werden also industriell aus verschiedenen mineralischen Bestandteilen hergestellt. Im Gegensatz dazu sind organische Dünger tierischen oder pflanzlichen Ursprungs. Beispiele dafür sind Hornspäne, Guano oder aus Rübenschnitzel, Kakaoschalen oder Algen gewonnene Produkte. Die Nährstoffzusammensetzung ist abhängig vom jeweiligen Ausgangsstoff. Während etwa Hornspäne sehr stickstoffreich sind, beinhaltet der aus Vogeldung bestehende Guano sehr viel Phosphor. Dünger aus Algen enthalten dagegen sehr viele Spurenelemente.

Charakteristisch für organische Dünger ist ihre Eigenschaft, nur langsam und allmählich wirksam zu werden. Der Grund dafür ist, dass das Material erst durch Feuchtigkeit, Wärme und Bodenorganismen zersetzt werden muss. Deshalb treten bei der Anwendung von organischen Düngemitteln kaum jemals Schäden durch zu hohe Salzkonzent-

Eine intensive Düngung ist wichtig für die Blühfreude der Pflanzen. Sie sollten jedoch trotzdem darauf achten, Ihre Pflanzen nicht zu überdüngen

ÖKO-TIPP

Kompost für Balkonpflanzen

Zur längerfristigen Nährstoffversorgung von Balkon- und Kübelpflanzen können Sie auch reifen Kompost verwenden. Gesiebt und bei 100 bis 120 °C im Backofen gedämpft, wird er unter das Pflanzsubstrat gemischt. Eine zusätzliche Düngung, allerdings in niedriger Dosierung, wird dann erst in vielen Wochen fällig.

rationen auf. Andererseits lassen sich akute Nährstoffmängel mithilfe organischer Dünger innerhalb kurzer Zeit nicht ausgleichen. Eine Mischform, die die Vorteile beider Düngerarten vereint, sind organisch-mineralische Dünger, die sowohl schnell als auch langsam wirkende Bestandteile enthalten. Die mineralischen Komponenten dienen einer schnellen Erstversorgung und so den akuten Bedarf abdecken. Die organische Komponente erzielt einen anhaltenden Düngeeffekt.

Eine Wurmkiste – Kompost auf kleinstem Raum

Wurmkompost wird durch eine bestimmte Art von Regenwürmern erzeugt. Sie vermehren sich stark und verarbeiten große Mengen organischen Materials. Wurmkompost oder Wurmhumus hat gegenüber normalem Kompost viele Vorteile: Er besitzt eine bessere, stabilere Krümelstruktur, einen reicheren Nährstoffgehalt, eine höhere Wasserspeicherkapazität und enthält eine viel größere Anzahl von Mikroorganismen. Außerdem lässt sich dieser Kompost in einer sogenannten

Wurmkompost ist besonders reich an Nährstoffen und Mikroorganismen

Wurmkiste platzsparend gewinnen. Im Gegensatz zu Komposthaufen können Sie eine Wurmkiste auf Ihrem Balkon oder auf Ihrer Terrasse aufstellen.

Eine Wurmkiste können Sie im Fachhandel kaufen oder aber auch leicht selbst herstellen. Sie besteht hauptsächlich aus einem Behälter, einem Trenngitter und einem abnehmbaren Deckel. Wichtig ist, dass die Kiste in zwei Kammern unterteilt wird. Als unterste Schicht bringt man zunächst in eine der beiden Kammern eine etwa fingerdicke Lage Gartenerde oder Komposterde ein; sie enthält die für die Verdauung notwendigen Mikroorganismen. Darüber kommt eine Mischung aus 50 % Pferdemist und Papierabfäl-

Dolce Vita

✿ Mediterranes Flair

Einen müden Balkon mit südländischem Temperament und Charme zu versehen – manchmal braucht es dazu nur ein paar Handgriffe und wenige Accessoires. Ein sattes Gelb beispielsweise bringt Sommer, Sonne und Toskana-Flair. Es lässt triste Wände sofort strahlen. Für einen deckenden Ton mit wetterfester Außenfarbe ist es wichtig, mindestens zweimal zu streichen.

✿ Charmantes Ensemble

Zierliche Eisenstühle und ein passender Tisch erinnern an südländische Straßencafés. Die Stühle dürfen ruhig bunt gemixt sein. Schnäppchen für ein charmantes Ensemble findet man oft kostengünstig auf Flohmärkten. Kleine Macken wirken charmant, und mit passenden Sitzpolstern wird's bequem. Auch auf neue Stücke lässt sich Patina mogeln. Schmirgeln Sie die Lackschicht mit Schmirgelpapier ab, überstreichen Sie sie mit Acrylfarbe und lassen Sie die Möbel trocknen. Schleifen Sie nun mit grober Körnung besonders an den Kanten nach, bis das Holz oder Eisen darunter stellenweise durchschimmert. Ebenso machen farbige Tischdecken in Gelb oder auch Weiß gute Laune.

✿ Stilechte Bepflanzung

Zitrone, Olive, Oleander & Co. gedeihen wind- und wettergeschützt auch in nördlicheren Gefilden. An der Hauswand stilecht in Terrakottatöpfen setzen Pinienzapfen hübsche Akzente. Etwas mehr Platz benötigt ein Zitronenbaum (Höhe ca. 1,5 m) auf dem heimischen Balkon oder auf der Terrasse. Er muss nur alle paar Jahre gestutzt werden und blüht ganzjährig. Wichtig: Es sollte nicht zugig sein, sonst droht Blattfall. Ebenso pflegeleicht ist ein Olivenbaum (Höhe bis 2 m). Der mediterrane Klassiker überwintert bei 2 bis 10 °C im hellen oder dunklen Raum, kann aber schon ab April an die Frischluft. Fällt die Olivenernte bei der Kübelkultur meist dürftig aus, bereichern wohlduftende Blumenkästen mit Lavendel, Basilikum und Thymian auch Ihre Küche.

len, Rasenschnitt und Küchenabfällen. Verwenden Sie ausschließlich nicht farbig bedrucktes Zeitungspapier, das vorher zerrissen, über Nacht eingeweicht und gut ausgedrückt wird. Die Kompostwürmer *(Eisenia foetida)*, die im Gartenfachhandel erhältlich sind, werden nun in diese Mischung gegeben und zersetzen sie allmählich zu Kompost. In der Zwischenzeit können Sie die zweite Kammer mit der gleichen Mischung füllen, sodass die Würmer bald vom frischen Material angezogen werden, durch das Trenngitter in die zweite Kammer wandern und ihre Arbeit dort fortsetzen. Die erste Kompostkammer können Sie dann entleeren. Die entstandene Wurmerde wird gesiebt, die noch darin lebenden Würmer abgesammelt und zu den übrigen Tieren in die andere Kistenhälfte gegeben.

Stellen Sie Ihre Wurmkiste auf dem Balkon oder auf der Terrasse auf, achten Sie darauf, dass sie vor Regen geschützt und nicht in der prallen Sonne steht. Im Winter sollten Sie die Kiste mit Decken oder Styropoplatten gegen die Kälte isolieren, damit die Würmer nicht erfrieren. Wenn Sie die Möglichkeit haben, stellen Sie die Kiste in einen Keller, der recht kalt ist.

PFLEGELEICHT-TIPP

Sommerurlaub

Auch ein längerer Sommerurlaub ist kein Problem. Wenn Sie vor der Abreise die Würmer mit ausreichend frischem organischen Material versorgen und in der Kiste genügend Restfeuchtigkeit vorhanden ist, halten die Tiere vier bis fünf Wochen problemlos durch.

Wirksamer Pflanzenschutz

Für ein üppiges Gedeihen der Pflanzen reicht Gießen und Düngen allein oft nicht aus. Die Pflanzen müssen auch aufmerksam gepflegt und beobachtet werden, um Krankheiten und Schädlingen vorbeugen bzw. sie ggf. rasch erkennen zu können. Das Entfernen verwelkter Pflanzenteile fördert nicht nur das Aussehen und die Blühfreude in den Balkonkästen, sondern beugt auch der Verbreitung von Krankheiten und Schädlingen vor. Sobald Sie befallene Triebe entdecken, sollten Sie diese ausschneiden. Stark erkrankte Pflanzen sind jedoch besser komplett zu entfernen – der Aufwand einer Therapie lohnt sich meist nicht mehr, um sie zu retten.

ÖKO-TIPP

Schonend schützen

Es empfiehlt sich, zumindest im Wohnbereich ausschließlich schonende Pflanzenschutzpräparate einzusetzen – der Umwelt und Ihrer Gesundheit zuliebe. Lediglich bei wertvollen Kübelpflanzen ist der Einsatz härterer Mittel – nach eingehender fachlicher Beratung – gerechtfertigt.

Vorbeugung und Schadenverhütung

Die Möglichkeiten, gegen Pflanzenschädlinge und Krankheitserreger vorzugehen, sind äußerst vielfältig. Es reicht von verschiedenen Vorbeugungs- und Stärkungsmaßnahmen über eine manuelle Bekämpfung bis hin zum Einsatz von Nützlingen oder umweltschonenden Pflanzschutzmitteln. Chemische Pflanzenschutzpräparate („chemische Keule"), die früher sehr häufig eingesetzt wurden, stehen heute erst ganz am Ende dieser Möglichkeiten. Ziel ist es, mithilfe möglichst umweltverträglicher Maßnahmen die sommerliche Blumenpracht auf Balkon und Terrasse zu erhalten.

PFLEGELEICHT-TIPP

Pflanzenschutz

Der beste Pflanzenschutz ist eine bedarfsgerechte Pflege. Platzieren Sie die Gewächse stets standortgerecht. Man unterscheidet sonnige, schattige und halbschattige Standorte. Setzen Sie die Pflanzen nicht zu eng nebeneinander. Gießen Sie sie regelmäßig und angemessen. Sorgen Sie für eine ausgewogene Ernährung. Putzen Sie die Pflanzen bei Bedarf sorgfältig aus.

Pflanzen helfen Pflanzen

Es sind eine Reihe von Pflanzen bekannt, die schädlingsabwehrende Inhaltsstoffe besitzen. Sie dienen nicht nur der direkten Bekämpfung, sondern helfen v. a. vorbeugend, da sie die Zierpflanzen widerstandsfähiger und robuster machen. Wenn auch die Verwendung der Stärkungsmittel keinen absoluten Schutz vor Infektionen und Schädlingen bie-

Die beste Schädlingsbekämpfung ist immer noch die Vorbeugung

Jauche gehört zu den ökologischen Pflanzenschutzmitteln und kann vorbeugend zur Stärkung eingesetzt werden

tet, so kann man den Einsatz anderer, giftige Pflanzenschutzmittel deutlich reduzieren. Man unterscheidet bei den Stärkungsmitteln verschiedene Zubereitungsarten von frischen oder getrockneten Kräutern.

Für einen **Tee** werden die Pflanzenteile mit kochendem Wasser übergossen. Man lässt sie zehn bis 15 Minuten ziehen und seiht dann den Tee ab.

Für **Kaltwasserauszüge** legt man die entsprechenden Pflanzen ein bis zwei Tage in kaltes Wasser ein. Achten Sie aber darauf, dass das Ganze nicht gärt. Anschließend wird der Auszug durchgeseiht.

Eine **Brühe** wird aus frischem Pflanzenmaterial hergestellt. Es wird 24 Stunden in kaltem Wasser eingeweicht. Dann kocht man die Brühe auf und lässt sie 20 bis 30 Minuten sieden. Nach dem Abkühlen und Durchsieben kann sie ausgebracht werden.

Für eine **Jauche**, z. B. aus Brennnesseln, wird die Pflanze grob zerkleinert, locker bis zur halben Höhe in einem großen Gefäß geschichtet und mit kaltem Wasser übergossen. Das Gefäß bleibt unverschlossen, aber mit einem Drahtgitter versehen, damit keine Insekten und Fremdkörper hineinfallen können. An einem sonnigen Platz beginnt der Inhalt nach einigen Tagen zu gären und muss täglich umgerührt werden. Wenn die Jauche nicht mehr schäumt, ist sie fertig (meist nach ein bis drei Wochen) und kann sie abgeseiht und verwendet werden.

Wer auf dem Balkon oder auf der Terrasse wenig Platz hat, kann die Stärkungsmittel kleineren Mengen ansetzen.

Ackerschachtelhalm kann zu Brühe oder Jauche verarbeitet werden und wirkt gegen Pilzkrankheiten wie Mehltau sowie Blattläuse und Spinnmilben

PFLEGELEICHT-TIPP

Pflanzenstärkungsmittel am Abend ausbringen

Wenn Sie Ihren Topfpflanzen Stärkungsmittel verabreichen möchten, ist der frühe Abend der beste Zeitpunkt dafür. Denn am Tag in der Sonne könnte es zu Verbrennungsschäden auf den benetzten Pflanzenteilen kommen. Für eine wirksame Vorbeugung gegen Schädlinge und Krankheitserreger sollten die Mittel mehrmals im Abstand von etwa einer Woche gespritzt oder gegossen werden.

Pflanzen, die sich als Stärkungsmittel besonders gut eignen:

Ackerschachtelhalm: Die ganze Pflanze kann als Brühe oder Jauche gegen Mehltau und andere Pilzkrankheiten sowie gegen Blattläuse und Spinnmilben verwendet werden. Menge: 1 kg Frisch- oder 150 g Trockenmaterial auf 10 l Wasser; im Verhältnis 1:5 verdünnen.

Brennnessel: Die ganze Pflanze (ohne Samenstände) kann als Jauche oder Kaltwasserauszug gegen Pilzkrankheiten, Blattläuse und Spinnmilben verwendet werden. Die Jauche wirkt darüber hinaus auch als wertvoller Dünger. Menge: 1 kg Frisch- oder 200 bis 250 g Trockenmaterial auf 10 l Wasser; Jauche im Verhältnis 1:10, bei Spritzung auf Blätter 1:50 verdünnen; Kaltwasserauszug unverdünnt anwenden.

Rainfarn: Blühende Pflanze kann als Brühe oder Tee gegen Mehltau und Rost sowie gegen Blattläuse verwendet werden; Menge: 300 bis 500 g Frisch- oder 30 g Trockenmaterial auf 10 l Wasser; unverdünnt ausbringen;

Knoblauch: Die Knolle (auch mit Zwiebeln gemischt) kann als Tee gegen Pilzkrankheiten, Spinnmilben und Blattläuse verwendet werden; Menge: 75 g auf 10 l Wasser; unverdünnt anwenden.

Mechanische Bekämpfung im Pflanzenschutz

Die einfachsten und für Pflanzen und Umwelt unschädlichsten Schutzmaßnahmen bestehen in der manuellen Bekämpfung der Krankheitserreger und Schädlinge. Darunter versteht man z. B. das Absammeln von Schnecken, Raupen oder Käfern wie dem Dickmaulrüssler, das Abstreifen kleiner Schadinsekten, etwa von Blatt- und Schmierläusen, aber auch das Abschneiden stark befallener Pflanzenteile. Wichtig ist, dass kranke Pflanzenteile auf den Müll kommen. Sie dürfen keineswegs auf den Komposthaufen gebracht werden. Die Keime können dort überleben und bei der Verwendung des Komposts leicht zu neuen Infektionen führen.

Eine weitere Möglichkeit der Schädlingsbekämpfung ist das Absammeln der Schädlinge von Hand

Einsatz von Nützlingen

Immer beliebter wird die Anwendung sogenannter Nützlinge zur biologischen Schädlingsbekämpfung. Als Nützlinge bezeichnet man die natürlichen Gegenspieler der Pflanzenschädlinge. Sie fressen die Schadorganismen, saugen sie aus oder legen ihre Eier in ihnen ab, sodass der Schädling während der Entwicklung des Nützlings abstirbt. Der gezielte Einsatz von Nutzorganismen findet in erster Linie in Gewächshäuser und Wintergärten Verwendung, eignet sich aber auch für Balkon und Terrasse. Bei den Nützlingen handelt es sich um meist Insekten, aber auch Milben und Fadenwürmer (Nematoden), die sich als Larven oder ausgewachsene Tiere fast ausschließlich oder überwiegend von bestimmten Schädlingen ernähren. So können Sie beispielsweise Raubmilben gegen Spinnmilben und Thripse einsetzen, Schlupfwespen gegen die Weiße Fliege, den Australischen Marienkäfer gegen Schild- und Wollläuse sowie Blattläuse und räuberische Nematoden gegen den Dickmaulrüssler, einem gefräßigen Käfer.

INFO

Vorteile des Nützlingseinsatzes

- Es bestehen keine gesundheitlichen Risiken für den Anwender
- Das Ausbringen der Nützlinge ist nicht zeitaufwendig und die Pflanzen können an Ort und Stelle bleiben.
- Luft, Wasser und Boden werden nicht belastet, es bleiben keine schädlichen Rückstände auf den Pflanzen.
- Bei den Schädlingen kommt es zu keiner Resistenzbildung

Bringen Sie auf Ihrem Balkon oder Ihrer Terrasse eine Nisthilfe für Insekten an

Die verschiedenen Nützlingsarten werden in Zuchtbetrieben massenhaft vermehrt und können dort bezogen werden. Je nach Art werden die kleinen Helfer als erwachsene Tiere, Larven, Eier oder Puppen geliefert.

Wildlebende Nützlinge fördern

Neben den eigens gezüchteten Nützlingen leisten auch etliche heimische Tiere einen großen Beitrag zur Schädlingsbekämpfung. Zu den wichtigsten und bekanntesten Arten zählen Marienkäfer, Florfliegen und Schwebfliegen. Sowohl erwachsene Tiere als auch Larven vertilgen große Mengen von Blattläusen. Die Vorgehensweise der kleinen Schlupfwespen oder Raubfliegen ist hingegen viel unauffälliger: Ihre Larven leben als Parasiten von verschiedenen Pflanzenschädlingen.

Diese Nützlinge können Sie fördern, indem Sie auf eine struktur- und artenreiche Bepflanzung in der näheren Umgebung hinarbeiten. Wählen Sie für Ihre Balkonkästen

und Kübel auch Arten, die gerne von Nützlingen besucht werden. Wenn Sie zusätzlich einen Garten haben, legen Sie eine bunte Blumenwiese statt eines grünen Rasens an, schichten Sie Totholzhaufen auf und pflanzen Sie Hecken aus Wildsträuchern.

Umweltschonender Pflanzenschutz

Eine Reihe von Mitteln, die man gegen Schädlinge einsetzen kann, sind pflanzlichen Ursprungs oder werden aus anderen natürlichen Rohstoffen hergestellt. Dennoch kann man sie nicht als harmlos bezeichnen, sonst würden sie ihren Zweck nicht erfüllen. Aber im Vergleich zu den meisten chemischen Pflanzschutzmitteln belasten diese biologischen Substanzen die Umwelt deutlich weniger – in erster Linie, weil ihre Herstellung umweltschonender ist und sie schneller abgebaut werden.
Zu den bekanntesten und verbreitetsten Mitteln gehören Pyrethrum-Präparate, deren Wirkstoff aus den Blüten einer afrikanischen Chrysanthemenart gewonnen wird. Man setzt sie hauptsächlich gegen saugende Insekten wie z. B. Blattläuse, Thripse und Zikaden ein, wobei sie unspezifisch wirken, d. h. sie töten ebenfalls Nützlinge ab. Auch für Menschen sind diese Mittel nicht völlig unbedenklich. Es gibt aber auch die synthetisch hergestellten Varianten des Wirkstoffs, die sogenannten Pyrethroide. Achten Sie daher beim Kauf auf das Etikett und bevorzugen Sie die Pyrethrum-Präparate.
Vergleichsweise ungiftig sind dagegen Ölpräparate, die auf der Basis von Mineral- oder Rapsölen angeboten werden. Man setzt sie in erster Linie gegen Wollläuse, Schildläuse und Spinnmilben ein. Diese Mittel werden auf die geschädigten Pflanzenteile versprüht und überziehen die Tiere mit einen feinen Ölfilm. Dadurch wird die Atmung beeinträchtigt und die Schädlinge sowie deren Eier und Larven ersticken. Das Problem bei Ölpräparaten ist, dass sie nicht von allen Pflanzen vertragen werden. Die Gebrauchsanleitung gibt hier wertvolle Hinweise über die Verträglichkeit bei einzelnen Pflanzenarten.

Gegen Blattläuse, Weiße Fliegen und Spinnmilben helfen auch natürliche Fettsäuren, die aus in der Natur vorkommenden Ölen ge-

ÖKO-TIPP

Nisthilfen für Insekten

Fördern kann man viele der nützlichen Hautflügler auch dadurch, indem man ihnen Nisthilfen anbietet. Solche Hilfsmittel lassen sich ohne viel Aufwand schaffen und das nicht nur im Garten, sondern auch auf Balkon und Terrasse. Als Nisthilfe für die Eiablage eignet sich beispielsweise ein Holzklotz mit unterschiedlich großen Bohrlöchern, den Sie ganz leicht selbst herstellen können. Auch der Fachhandel bietet eine Reihe von Modellen, die man nur noch anzubringen braucht. Ein Bündel von trockenem Röhricht oder markhaltigen Stängeln (z. B. von Holunder), den man luftig aufhängt, eignet sich ebenfalls als Nisthilfe. Ob selbst gebastelt oder gekauft – hängen Sie die Nisthilfe an einer geschützten Stelle auf, die sich nicht in der Näher einer Lichtquelle befinden sollte. Eine Reihe von Wildbienen und Schlupfwespen werden sie dankbar annehmen!

Verwenden Sie auch umweltschonende Pflanzenschutzmittel sparsam

wonnen werden. Diese Mittel zerstören die Hautstrukturen von Insekten, die damit in Berührung kommen. Wichtig ist bei der Verwendung von Fettsäuren, dass die befallenen Teile vollständig benetzt werden und die Behandlung wiederholt wird, um gute Resultate zu erzielen.

Denken Sie daran, dass auch umweltschonende Pflanzenschutzmittel nur einzusetzen sind, wenn tatsächlicher Bedarf besteht, also ein starker Befall vorliegt.

ÖKO-TIPP

Bienenfreundlich

Wenn Sie zu biologischen Pflanzenschutzmitteln greifen müssen, wählen Sie, wenn irgend möglich, bienenschonende Präparate. Diese sind auf der Packung mit B3 oder B4 gekennzeichnet.

Pflegefehler und Umwelteinflüsse

Nicht alle Schäden, die an Balkon- und Kübelpflanzen auftreten, sind auf Krankheitserreger oder Schädlingsbefall zurückzuführen. Auch andere Auslöser können dafür verantwortlich sein. In erster Linie sind es Pflegefehler und gelegentlich bestimmte Umwelteinflüsse, welche die sogenannten abiotischen Schäden verursachen. Diese lassen sich natürlich nicht durch Pflanzenschutzmittel bekämpfen, sondern die Ursachen müssen beseitigt werden.

Wurzelfäulnis durch Staunässe

Die wohl am häufigsten auftretende Folge eines Pflegefehlers ist die Wurzelfäulnis. Sie kann zwar bei allen Pflanzenarten vorkom-

Bedenken Sie bei sonnigen Lagen, dass überwinterte Pflanzen zunächst noch empfindlich auf zu starke Lichteinstrahlung reagieren

men, besonders gefährdet sind jedoch solche mit einem fleischigen Wurzelstock wie Indisches Blumenrohr, Schmucklilien und andere Zwiebel- und Knollengewächse sowie Pflanzen, die aus trockenen Regionen stammen. Die Ursache liegt in länger andauernder Staunässe, die dazu führt, dass das Substrat nicht ausreichend durchlüftet wird. Staunässe entsteht, wenn man zu ausgiebig oder in zu kurzen Abständen gewässert hat. Ein mangelnder Abfluss sowie verdichtete Erde verstärken einen solchen Fehler noch zusätzlich.

Die Symptome sind recht unspezifisch wie allgemein schlechter Wuchs, spärliche oder fehlende Blüte und geringer Wasserverbrauch. Wenn Sie jedoch die Wurzeln der Pflanze betrachten, erkennen Sie an deren schwammiger Konsistenz, der braunen Farbe – gesunde Wurzeln sind weiß – und dem kompakten, feuchten Erdklumpen im Topf, dass Wurzelfäulnis vorliegt. Zur Abhilfe topfen Sie die Pflanze in ein frisches durchlässigeres Substrat mit einer dicken Drainageschicht am Gefäßboden um. Vor dem Umtopfen werden die erkrankten Wurzeln scharf zurückgeschnitten. Bis sich die Pflanze erholt hat, wird nur mäßig gegossen.

Sonnenbrand im Frühjahr

Überwinterte und gerade ausgeräumte Balkon- und Kübelpflanzen, aber auch frisch gekaufte Gewächse reagieren recht empfindlich gegen direkte Sonne. Im Frühjahr kann die Sonneneinstrahlung bereits sehr intensiv sein und auf den noch weichen Blättern schnell zu Sonnenbrand führen. Zunächst zeigen sich helle Flecken, die bald pergamentartig eintrocknen und sich meist bräunlich verfärben. Durch Sonnenstrahlen verursachte Schäden lassen sich nicht mehr beheben, aber Sie können ihnen vorbeugen. Stellen Sie Ihre Pflanzen direkt nach dem Umzug grundsätzlich an einen weniger stark

besonnten Platz, bis sie sich nach ein bis zwei Wochen an die Sonne gewöhnt haben.
Pflanzen, die nach der Überwinterung erstmals wieder ins Freie kommen, bilden oft rötlich verfärbte Blätter. Da dies eine Schutzreaktion gegen die UV-Strahlung ist, besteht in diesem Fall kein Grund zur Sorge. Stellen Sie die betroffene Pflanze einfach etwas schattiger. Nach einiger Zeit bildet sich die rötliche Farbe von selbst wieder zurück.

Krankheiten und Schädlinge

Krankheiten und Schädlinge, die im Garten auftreten, machen auch vor den Pflanzen auf dem Balkon und Terrasse nicht halt und können so die Freude an dem kleinen Paradies trüben. Neben Pflegefehlern gehören Schädlinge und Krankheitserreger zu den schlimmsten Pflanzenfeinden. Nachfolgend finden Sie einige der am häufigsten bei Balkon- und Kübelpflanzen auftretenden Schädlinge und Krankheitserreger.

Fußkrankheiten

Als Fußkrankheiten, auch Wurzelhals-, Wurzel- und Stängelfäule genannt, werden Erkrankungen bezeichnet, die durch verschiedene Pilze hervorgerufen werden. Besonders betroffen sind Jungpflanzen. Die Symptome sind braune, nasse oder trockenfaule Stellen an der Stängelbasis, sodass die Pflanzen innerhalb weniger Tage trotz ausreichender Wasserversorgung dahinwelken. Befallene Pflanzen sind nicht mehr zu retten. Bei Befall muss das Substrat vernichtet und die Töpfe müssen gut gereinigt werden, bevor man sie wieder verwendet.

Mehltau

Kennzeichen des Mehltaubefalls sind mehlig weiße oder graue, dichte Beläge auf den Blättern. Man unterscheidet zwei Formen dieser Pilzkrankheit. Beim **Echten Mehltau** überzieht ein feiner, weißer, puderartiger Belag die Blätter und jungen Triebe, die daraufhin welken und abfallen. Beim **Falschen Mehltau** bildet sich an der Blattunterseite ein wei-

Beim Mehltau müssen alle befallenen Pflanzenteile entfernt werden

ßer bis brauner Pilzbelag, die Blattoberseite wird fleckig. Auch hier welken die Blätter und fallen ab. Während der Echte Mehltau besonders bei trockener, heißer Witterung auftritt, ist der Falsche Mehltau nur bei feuchtkühlem Wetter zu beobachten. Bei beiden Formen müssen alle befallenen Pflanzenteile entfernt und vernichtet werden. Vorbeugend helfen Ackerschachtelhalmbrühe und Rainfarntee.

Grauschimmel

Diese durch *Botrytis*-Pilz verursachte Krankheit kann praktisch alle Balkon- und Kübelpflanzen befallen. Zunächst zeigen sich einzelne faule Stellen, die sich rasch in einen grauen, wattigen Schimmelbelag ausweiten. Sämtliche oberirdischen Pflanzenteile können davon betroffen sein. Besonders anfällig sind geschwächte Pflanzen. Befallene Pflanzenorgane müssen entfernt und vernichtet werden. Da der Grauschimmel vorwiegend von abgestorbenem Pflanzenmaterial lebt, sind welke und bereits abgefallene Pflanzenteile regelmäßig zu entfernen, um den Pilzen keine Ansiedlungsmöglichkeiten zu bieten. So können Sie einem Neubefall vorbeugen.

PFLEGELEICHT-TIPP

Rußtaupilze auf Honigtau

Fast alle Balkon- und Kübelpflanzen können von Blattläusen befallen werden. Diese allgegenwärtigen saugenden Schädlinge ernähren sich von Pflanzensaft. Den stark zuckerhaltigen Überschuss scheiden sie als sogenannten Honigtau wieder aus. Auf diesem klebrigen Saft siedeln sich häufig Rußtaupilze an und färben die befallenen Pflanzenteile schwarz. Sie können die Pflanze schädigen, da der schwarze Belag die Fähigkeit der Blätter zur Energie liefernden Fotosynthese mindert. Außerdem wird das Laub unansehnlich. Wischen Sie den Belag einfach mit Wasser und etwas Schmierseife ab.

Rost

Wenn Sie auf den Blattunterseiten viele kleine rötliche oder gelbliche, warzenartige Pusteln entdecken, die nach einiger Zeit aufplatzen und staubfeine Sporen entlassen, handelt es sich wahrscheinlich um den Befall durch einen Rostpilz. Häufig finden sich dabei auch gelbe oder orangefarbene bis rostrote Flecken – daher der Name! Rostpilze treten i. A. häufiger bei anhaltend feuchtwarmem Wetter auf. Sobald Sie die Symptome bemer-

Rosenrost zeigt sich durch gelbe bis rostrote Flecken an der Blattunterseite (oben)

PFLEGELEICHT-TIPP

Bei trockenem Wetter schneiden

Schnittmaßnahmen an Pflanzen sollte man grundsätzlich nur bei trockener Witterung durchführen, damit die Schnittwunden gut abtrocknen und abheilen können. So wird Krankheitserregern das Eindringen erschwert.

ken, sind die befallenen Blätter sofort abzusammeln und zu vernichten. Vorbeugend sollten Sie auf eine ausgewogene Düngung achten und z. B. Ackerschachtelhalmbrühe spritzen.

Bakterienwelke

Nur einige wenige Krankheiten an Balkon- und Kübelpflanzen werden durch Bakterien verursacht. Diese Mikroorganismen dringen über Pflanzenporen oder Wunden in die Gewächse ein, vermehren sich in ihnen stark und schädigen sie dadurch. Welke Blätter, deformierter Wuchs, Vergilben und faulende Pflanzenteile sind Zeichen eines Bakterienbefalls. Eine Therapie gibt es nicht, daher müssen alle betroffenen Pflanzen schleunigst vernichtet und die Töpfe und das Werkzeug desinfiziert werden. Nur so kann eine weitere Ausbreitung der Krankheit verhindert werden. Die wohl häufigste Bakteriose bei Kübelpflanzen ist der Oleanderkrebs. Zunächst erscheinen auf den Blättern kleine, braune, kreisrunde, oft gewölbte Flecken ausgestorbenen Gewebes, die rasch größer werden und das ganze Blatt zum Absterben bringen. Bei stärkeren Befall entwickeln die verholzten Triebe krebsartige Wucherungen.

Virosen

Mosaikartig gemusterte oder gekräuselte Blätter, deformierte Blüten und Wachstumshemmung sind Symptome eines Virusbefalls. Übertragen werden Viren durch Pflanzensaft – entweder durch äußere Verletzungen oder saugende Schädlinge wie Blattläuse. Eine Bekämpfung ist nicht möglich. Wenn man die betroffene Pflanze vernichtet und auf Schädlingsbefall rechtzeitig reagiert, kann eine weitere Ausbreitung verhindert werden.

Blattläuse

Zu den häufigsten Schadinsekten an Zierpflanzen gehören die Blattläuse, die fast alle Balkon- und Kübelpflanzen befallen können. Kleine grüne, braune, gelbe oder schwarze, manchmal geflügelte Insekten sitzen in Kolonien an den Pflanzen – bevorzugt an weichen Trieben und Stängeln – und saugen Pflanzensaft. Oft treten sie gemeinsam mit Ameisen auf, die nach den Ausscheidungen der Blattläuse, dem süßen Honigtau, ganz verrückt sind. Die Blätter und Knospen der betroffenen Pflanzen kräuseln sich, rollen sich ein oder welken. Bei geringem Befall genügt

PFLEGELEICHT-TIPP

Ameisenbefall

Ameisen können nicht nur im Garten zur Plage werden, auch auf Balkon und Terrasse sind sie häufig anzutreffen. Wenn die fleißigen Insekten durch das Abzugsloch in ein Pflanzgefäß eingedrungen sind und sich darin eingenistet haben, stellen Sie es solange in einem Behälter mit Wasser, bis die Tiere herauskommen.

Blattläuse gehören zu den bekanntesten Pflanzenschädlingen und können durch pflanzliche und auch biologische Spritzmittel bekämpft werden

ein Abwischen mit einem Küchenpapier oder ein Abspritzen der Kolonien mit kaltem Wasser. Bei stärkerem Befall und vorbeugend helfen pflanzliche Brühen und Tees. Es gibt auch recht umweltfreundliche biologische Spritzmitte gegen Blattläuse.

PFLEGELEICHT-TIPP

Stickstoffreiche Düngung

Stickstoffreiche Düngung und eine übermäßige Nährstoffversorgung fördern den Befall durch Blattläuse und zahlreiche andere saugende Schadinsekten. Treten derartige Schädlinge häufiger auf, sollten Sie daher unbedingt auch auf eine ausgewogene Ernährung der Pflanzen achten.

PFLEGELEICHT-TIPP

Gegen Schildläuse

Bei einem Schildlausbefall betupfen Sie die Schilde der Tiere mit einem in Wundbenzin getauchten Wattestäbchen, dadurch lassen sich die Schädlinge sehr viel leichter abkratzen.

Woll- oder Schmier- und Schildläuse

Wollige, weiße Ausscheidungsprodukte an den Blattachseln und -stielen weisen auf Woll- oder Schmierläuse hin. Die Tiere saugen an Blättern und Trieben, die anschließend welken und abfallen. Anfällig sind zahlreiche Kübelpflanzen, etwa Zitrusgewächse, Feigenbaum oder Brautmyrte. Glänzende, klebrige Blätter zeigen einen Schildlausbefall an. Die Läuse halten sich unter einem Schild (daher der Name) verborgen, die an den Blattunterseiten und an Stängeln zu sehen sind. Betroffen sind hauptsächlich hartlaubige Kübelpflanzen wie Lorbeer, Oleander oder Myrte. Kleine Kolonien kann man mechanisch entfernen. Bei einem stärkeren Befall helfen ölhaltige Pflanzenschutzittel.

Spinnmilben

Spinnmilben, auch Rote Spinne genannt, sind winzige, gelbliche oder rötliche Spinnentiere, die auf der Unterseite der Blätter saugen, wo sie sich in einem sehr feinen Gespinst aufhalten. Deutliches Zeichen für einen Befall sind außer dem Gespinst die feinen, silbrig oder hellgelb gefärbten Punkte auf der Blattoberseite, die durch die Saugtätigkeit verursacht werden. Bei warmer, trockener Witterung können sich Spinnmilben

Woll- oder Schmierläuse saugen an Blättern und Trieben, bis diese welken und abfallen

rasch ausbreiten und an einer Vielzahl von Balkon- und Kübelpflanzen auftreten. Anfällig sind v. a. durch Hitze oder Wassermangel geschwächte Gewächse. Bei einem Befall empfehlen sich Spritzungen mit Ackerschachtelhalmbrühe oder Schmierseifen-Spiritus-Lösungen. Auch biologische Spritzmittel wie Pyrethrum oder natürliche Fettsäuren helfen, die Spinnmilbe einzudämmen.

Weiße Fliege

Trotz des Namens handelt es sich bei diesem Schädling um eine Verwandte der Schildlaus, die deshalb auch oft als Mottenschildlaus bezeichnet wird. Fleckige, gelbe Blätter, schwächliche Jungtriebe und v. a. weiße, bei Berührung der Pflanze auffliegende Insekten zeigen einen Befall durch diesen Schädling. Auf Balkon und Terrasse befallen sie häufig Pflanzen aus der Familie der Nachtschattengewächse, beispielsweise Engelstrompeten oder Nachschatten, sind aber auch an Fuchsien, Pelargonien oder Salbei zu finden. Die Pflanzen werden zum einen durch die Saugtätigkeit der Weißen Fliege direkt geschädigt, zum anderen scheiden die Tiere Honigtau aus, auf dem sich Pilze ansiedeln können. Bei Befall kann man Gelbtafeln oder Gelbsticker in der Nähe der betroffenen Pflanzen anbringen. Die Schädlinge, die von der gelben Farbe angezogen werden, bleiben an den Leimtafeln kleben. Eine Spritzung mit Brennnesseljauche oder Fettsäuren helfen ebenfalls.

Thripse

Thripse oder Blasenfüße sind nicht nur Schädlinge an Zimmerpflanzen, sie können auch im Freien an Balkon- und Kübelpflanzen auftreten, etwa bei Knollenbegonien oder Verbenen. Die nur 1 bis 2 mm großen Insekten, aber auch ihre Larven saugen meist

INFO

Häufiges Auftreten von Spinnmilben

Treten an einer Topfpflanze immer wieder Spinnmilben auf, sollten Sie unbedingt die Standortbedingungen überprüfen und den Platz ggf. wechseln. Besonders ungeeignet ist eine Stelle direkt vor einer nach Süden gerichteten Mauer, denn dort staut sich die Hitze, wodurch der Befall geradezu begünstigt wird.

auf der Unterseite von Blättern, aber ebenfalls an Blüten und verursachen silbrig glänzende Punkte auf den betroffenen Pflanzenteilen. Deshalb erscheinen stark befallene Blätter komplett silbrig und fallen später ab. Gehäuft treten Thripse bei heißer Witterung und an durch Trockenheit geschwächten Gewächsen auf. Die Schädlinge werden durch die Farbe Blau angelockt. Zu ihrer Bekämpfung sind blaue Leimtafeln erhältlich, die an den Pflanzen aufgehängt werden. Die Tiere bleiben dort kleben und sobald die Blautafeln dicht mit Thripse besetzt sind, muss man sie austauschen. Bei stärkerem Befall werden die betroffenen Pflanzenteile entfernt. Eine Behandlung mit einer Schmierseifen-Spiritus-Lösung oder Pyrethrumpräparaten ist möglich.

Überwinterung

Die einjährigen Sommerblumen dürfen sich so lange verausgaben, bis der erste Frost Einzug hält. Die Mehrzahl unserer Balkon- und Terrassenpflanzen ist im Grunde mehrjährig; sie würden aber den Winter im Freien nicht überleben, da sie aus wärmeren Regionen stammen. Deshalb werden die Mehrjährigen, je nach Frostempfindlichkeit, zwischen September und Dezember an geschützte Standorte, etwa in den Keller oder Wintergarten, gebracht. Diese Arten dürfen schon ab Mitte August nicht mehr gedüngt werden. Reduzieren Sie auch die Bewässerung vor dem Einwintern langsam!

Fuchsien können bis zum Wintereinbruch draußen bleiben

Geranien und Fuchsien

Geranien (Pelargonien) sind etwas empfindlicher als Fuchsien und vertragen keinen Frost. In ungeschützten Lagen sollten Sie sie teilweise schon ab Mitte September einräumen und bei dieser Gelegenheit ein wenig ausputzen (zurückschneiden). Um Platz zu sparen, können Sie die Geranien austopfen, den Wurzelballen verkleinern und in lockeres Substrat einschlagen. Fuchsien hingegen können im Herbst draußen bleiben, bis – meist im November – der erste echte Wintereinbruch droht. Wie die meisten anderen Arten dürfen sie gleich kräftig zurückgeschnitten werden. Dabei sind selbstverständlich alle Pflanzenteile, die von Krankheiten oder Schädlingen befallen sind, zu entfernen.

Kübelpflanzen

Bei den Kübelpflanzen ist die Überwinterung die Regel. Sie ist natürlich wesentlich aufwendiger, aber auch lohnender als bei den Blumen der Balkonkästen. Individuelle Hinweise zu Standort und Temperatur finden Sie hierzu bei den Pflanzenporträts ab S. 63. Die meisten Balkon- und Kübelpflanzen bevorzugen i. A. Überwinterungstemperaturen zwischen 5 und 12 °C – also frostsicher, aber keinesfalls Zimmertemperatur. Von den Kübelpflanzen können nur Bougainvillea und Roseneibisch in unseren Wohnräumen überwintern, notfalls auch die Schönmalve (Abutilon) und die Zitrusarten. Auch Pelargonien mögen es mit 10 bis 15 °C ein wenig wärmer.

Einige Feigenbaumarten sind winterhart

Winterlager

Je wärmer der Überwinterungsplatz ist, desto stärker treiben die Pflanzen aus. Die Belichtung sollte daher mit der Temperatur in einem ausgewogenen Verhältnis stehen. Bei 0 bis 5 °C genügt ein Kellerfenster; hier sind laubabwerfende Arten am besten aufgehoben. Auch lichte Treppenhäuser oder Garagen eignen sich als Winterlager. Optimal wäre ein frostfreier Wintergarten oder ein

PFLEGELEICHT-TIPP

Blattfall im Winterquartier

Häufig kommt es einige Tage nach dem Einräumen der Kübelpflanzen zu einem stärkeren Blattfall. Das braucht Sie jedoch nicht weiter zu beunruhigen, da es meist nur auf die deutlich geringere Luftfeuchtigkeit im Winterquartier zurückzuführen ist. Sie müssen daher keine besonderen Maßnahmen zur Abhilfe ergreifen.

PFLEGELEICHT-TIPP

Kübelpflanzen ausräumen

Überwinterten Kübelpflanzen tut es gut, wenn sie erstmals in einer milden Regenperiode im Frühjahr ausgeräumt werden. Die hohe Luftfeuchtigkeit weckt sie buchstäblich aus dem Winterschlaf und erleichtert ihnen somit das Eingewöhnen an das Freiland.

Gewächshaus. Da die wenigsten Balkongärtner über großzügige Möglichkeiten verfügen, bieten mittlerweile zahlreiche Gartenbaubetriebe die Möglichkeit an, Kübel- und Balkonpflanzen in ihren Gewächshäusern überwintern zu lassen. Die Quadratmeterpreise sind allerdings beträchtlich, sodass sich diese anspruchsvolle Überwinterung v. a. für Notfälle oder für wertvolle Pflanzen empfiehlt. Übrigens: Im Winterlager sollten Sie die Pflanzen etwa alle zwei Wochen kontrollieren und zurückhaltend nach Bedarf mit Wasser versorgen. Nur bei wenigen Arten darf der Wurzelballen völlig austrocknen; eine Vernässung ist jedoch in jedem Fall zu vermeiden. Außerdem empfiehlt es sich, bei milder Witterung gelegentlich zu lüften. Zwischen Mitte Februar und Mitte März werden die überwinterten Pflanzen ausgeputzt, zurückgeschnitten und in frisches Substrat und geeignete Gefäße gesetzt. Wenn man sie jetzt etwas heller und wärmer aufstellt, treiben sie schon aus und gewinnen einen Wachstumsvorsprung für den Saisonstart. Die Wasserzufuhr ist nun in angemessener Weise zu erhöhen.

PFLEGELEICHT-TIPP

Frische Erde für Kübelpflanzen

Ältere Kübelpflanzen brauchen nicht jedes Jahr umgetopft zu werden. Doch sollten Sie sie im Frühjahr mit einer frischer Schicht Erde versorgen, die das verbrauchte und teils zusammengesackte Substrat ersetzt. Entfernen Sie dazu vorsichtig die oberste Lage der alten Erde, füllen Sie mit frischem Substrat auf, drücken Sie es etwas fest und gießen Sie es leicht an.

Wer einen frostfreien Wintergarten besitzt, hat damit einen idealen Überwinterungsort seiner Balkon- oder Terrassenpflanzen

Pflanzenkunde von A bis Z

Frühjahrsblüher

Einige der populärsten Frühjahrsblüher gehören zu den „Zweijährigen“, die im vorhergehenden Sommer ausgesät werden müssen. Der beste Zeitpunkt dafür liegt im Juni und Juli. Etwa sechs Wochen später werden die Sämlinge pikiert. Zahlreiche Pflanzen zeigen so bereits im Herbst erste Blüten. Zum Schutz vor Frost und Sonnenstrahlen empfiehlt es sich, sie den Winter über mit Reisig abzudecken. Gelegentlich werden bereits im Herbst Kübel und Kastengefäße mit Blumenzwiebeln und anderen Frühjahrsblühern bepflanzt. Sie sind dann ebenfalls geschützt aufzustellen.

PFLEGELEICHT-TIPP

Auf die Schnelle

Wer weder Zeit noch Platz für langwieriges Säen oder Pflanzen von Blumenzwiebeln hat, holt sich die Pflanzen ab Mitte Februar in Gartenfachbetrieben und pflanzt sie in einen Kasten mit humosem, nährstoffreichem Substrat.

Maßliebchen

Bellis perennis

Das „gefüllte Gänseblümchen“ blüht mit seinen weißen oder rötlichen Blüten fleißig vom Frühjahrsbeginn bis weit in den Mai hinein.
Standort: Das Maßliebchen gedeiht am besten an sonnigen bis halbschattigen Plätzen.
Pflege: Bei der Aussaat sollte auf gleichmäßige Feuchtigkeit des Substrats geachtet werden. Abgeblühte Blütenstände schneidet man regelmäßig ab.

Primeln

Primula-Elatior-Hybriden, *P. vulgaris*

Von den Primeln gibt es zahlreiche Farbsorten, die sich für die Frühjahrsbepflanzung von Balkon und Terrasse eignen. Primeln sind mehrjährige Blumen. Wer keinen Garten besitzt, kann sie dennoch jedes Jahr neu in einem Gartenfachbetrieb erwerben. Falls erwünscht, kann man sie auch zwischen Mai und Juli aussäen. Dann sind die Jungpflanzen bis zum Blühtermin kräftig genug.
Standort: Primeln bevorzugen ein frisches Substrat. Sie gedeihen im Halbschatten besser als in der prallen Sonne.
Pflege: Primeln benötigen immer ausreichend Feuchtigkeit. Nach dem Auspflanzen auf Balkon oder Terrasse ist unbedingt ein Schutz gegen den Frost zu empfehlen.

Stiefmütterchen

Viola-Wittrockiana-Hybriden

Die Vielfalt von Farben und Zeichnungen bei den Blüten der Stiefmütterchen ist unüberschaubar. Bei der Bepflanzung eines Gefäßes sollte man sich allerdings auf eine oder zumindest auf wenige Sorten beschränken.
Standort: Das Stiefmütterchen gedeiht am besten an sonnigen bis halbschattigen Plätzen. Es benötigt dabei ein nährstoffreiches Substrat.
Pflege: Selbst ausgesätes Saatgut muss sehr sorgfältig feucht gehalten werden. Die ausgepflanzten Stiefmütterchen erfreuen später schon im zeitigen Frühjahr mit unermüdlicher Blüte, der sogar Spätfröste nichts anhaben können.

Vergissmeinnicht

Myosotis-Hybriden

Das Vergissmeinnicht ist eine überaus populäre Blume. Die zarten himmelblauen Blüten mit gelblichem Auge zeigen sich von April bis in den Juni hinein. Dabei werden sie bis zu 30 cm hoch und können sogar für die Vase geschnitten werden.
Standort: Das Vergissmeinnicht entwickelt sich an halbschattigen Standorten am besten. An vollsonnigen Plätzen treten leicht Trockenschäden auf.
Pflege: Nach der Aussaat im Frühsommer des Vorjahres müssen die zarten Keimlinge rechtzeitig vereinzelt werden, damit sie bis zum Herbst kräftig heranwachsen. Die Pflanzen sollten immer gut feucht gehalten werden.

Pflanzen für den Sommer

Begonie (Knollenbegonie)

Begonia tuberhybrida

Die Begonie ist eine überaus beliebte Pflanze für den Balkonkasten. Es gibt mehr als hundert verschiedene Arten.

Standort: Knollenbegonien entfalten ihre Blüten in vielen Farben bevorzugt im Schatten. Die Hängeformen eignen sich auch für Blumenampeln.

Pflege: Die Knollen lassen sich bei 0 bis 5 °C leicht überwintern. Dazu werden sie im November aus dem Gefäß geholt und trocken in Torf oder Zeitungen eingeschlagen. Ab März können die Blumenknollen am Fenster wieder angetrieben werden. Da sie sehr empfindlich gegen Kälte sind, lohnt es sich, mit dem Auspflanzen bis Anfang Juni abzuwarten.

Begonie (Semperflorensbegonie)

Begonia semperflorens

Semperflorens- oder Eisbegonien erkennt man an ihrem glänzenden Laub. Sie sind in verschiedenen Rottönen – auch zweifarbig – und in Weiß erhältlich. Zwar sind sie frostempfindlich, gehören aber zu den robustesten Beet- und Balkonpflanzen.

Standort: Die Eisbegonie bevorzugt eher absonnige bis halbschattige Plätze. Ins Freie darf sie erst ab Mitte Mai, wenn keine Nachtfröste mehr zu erwarten sind.

Pflege: Die Pflanze sollte den ganzen Sommer über immer gleichmäßig feucht gehalten werden. Welke, braune Blütenblätter müssen sofort entfernt werden, da sie sonst zu faulen beginnen und zu Krankheitsherden werden.

Duftsteinrich

Lobularia maritima

Der Duftsteinrich hat sich als Unterpflanzung zwischen hohen Arten oder unter Kübelpflanzen bewährt. Die duftenden Blüten in Violett, Weiß oder Rosa säen sich laufend selbst aus.

Standort: An einem sonnigen bis halbschattigen Platz gedeiht der anspruchslose Duftsteinrich am besten.

Pflege: Ab Ende April kann man die Lichtkeimer direkt in den Balkonkasten säen oder schon etwas früher vorkultivieren, um sie ab Mitte Mai auszupflanzen. Nach der ersten Blüte wird die Pflanze mit der Schere gestutzt; sie blüht dann ein zweites Mal.

PFLEGELEICHT-TIPP

Schnelle Keimung

Achten Sie bei der Pflanzung der Knollenbegonie immer darauf, dass die Einbuchtung der Knolle oben liegt. So können Sie eine schnelle Keimung Ihrer Pflanzen positiv beeinflussen.

Edellieschen

Impatiens-Hybriden

Die großen Blütenteller erfreuen mit einem unvergleichlichen Angebot an Farben. Im Normalfall werden die Jungpflanzen dieser Blume beim Gärtner eingekauft.

Standort: Edellieschen benötigen im Gegensatz zu den bekannten Fleißigen Lieschen viel Sonne. Sie sind empfindlich gegen Kälte und dürfen erst ins Freie gesetzt werden, wenn keine Frostgefahr mehr besteht.

Pflege: Ein ausgeglichener Wasserhaushalt ist äußerst wichtig für ein gutes Gedeihen der Edellieschen: Bei einem Wasserüberschuss faulen sie leicht, von einem Wassermangel erholen sie sich dagegen nur sehr schwer.

Elfenspiegel

Nemesia fruticans

Die attraktiveren Stecklingssorten werden nur in wenigen Farbsorten (Weiß, Rosa, Blautöne) angeboten. Die Sorte „Blue Bird" mit blauer Blüte und gelb-weißem Auge wirkt besonders ansprechend.

Standort: Der Elfenspiegel fühlt sich an einem sonnigen bis halbschattigen Standort, der vor Regen geschützt ist, am wohlsten.

Pflege: Wenn man die Pflanze nach der Hauptblüte zurückschneidet, kommt es zu einem zweiten Flor. Während der Sommerzeit sollte eine stetige Bewässerung gesichert sein. Die samenvermehrten Sorten wirken bunter, aber auch uneinheitlicher und sind außerdem empfindlicher.

Elfensporn

Diascia barberae, D. rigens

Bei den stecklingsvermehrten Sorten wurden in den letzten Jahren kräftigere Farbtöne (v. a. Rosa- und Rottöne, auch Korallenorange) und kompakteres Wachstum erzielt. Besonders beliebt ist die orangefarbene „Coral Belle".

Standort: Der Elfensporn bevorzugt einen sonnigen bis halbschattigen Standort.

Pflege: Aufgrund seines zierlichen Wuchses sollte der Elfensporn nicht neben wüchsige Arten gesetzt werden. Wichtig für das Gedeihen ist außerdem die ausgeglichene Feuchtigkeit im Substrat. Um einen frischen Blütenaustrieb anzuregen, können Sie die Pflanzen bis auf 5 cm zurückschneiden.

Fächerblume

Scaevola aemula

Wenn die Pflanzen regelmäßig gegossen und gedüngt werden, sind die Spitzen der überhängenden Triebe den ganzen Sommer über voller fächerartiger, blauer Blüten.
Standort: An einem sonnigen bis halbschattigen Standort gedeiht die Fächerblume am besten.
Pflege: Wichtig für ihr Gedeihen ist kalkfreies Gießwasser; am besten verwenden Sie also Regenwasser. Jungpflanzen sind in Gärtnereibetrieben erhältlich. Bei guter Pflege können sie an einem hellen Standort bei 10 bis 15 °C überwintern. Vor dem Austrieb im Frühjahr sollten die überlangen Triebe kräftig zurückgeschnitten werden.

PFLEGELEICHT-TIPP

Wasserversorgung

Trocknen Fuchsien aus, so stellen sie sofort die Blütenbildung ein. Sorgen Sie deshalb für eine ausreichende und regelmäßige Wasserversorgung!

Fuchsie

Fuchsia-Hybriden

Fuchsien schmücken mit ihren zarten Blüten, die zweifarbig in Weiß-, Rot- und Blautönen erscheinen, beschattete Balkone bis weit in den Herbst hinein. Mit unterschiedlichen Blütenformen bieten sie etwas für jeden Geschmack: Es gibt trompeten-, glocken-, röhrenförmige und sogar barock verspielte Blüten in verschiedenen Farbkombinationen. Grundsätzlich werden Fuchsien in aufrechte und hängende Sorten unterteilt. Auch die Größe kann sehr unterschiedlich ausfallen.
Standort: Die Fuchsie ist eine Pflanze, die für halbschattige bis schattige Standorte besonders gut geeignet ist.
Pflege: Was die Überwinterung angeht, gilt Folgendes: Fuchsien sind robuster als beispielsweise Geranien und können die ersten kühlen Nächte gut überstehen. Vor stärkerem Frost jedoch sollten die Pflanzen in ihr Winterlager gebracht werden und bei 5 bis 10 °C überwintern, wobei lange Triebe zuvor unbedingt zurückgeschnitten werden sollten. Im März werden sie ausgeputzt, eingetopft und an einem wärmeren Standort auf den Freilandstart vorbereitet. Vermehrt werden Fuchsien durch Stecklinge, die man entweder im Spätherbst oder gegen Ende der Überwinterung gewinnt.

Gänseblümchen, Blaues

Brachycome multifida

Mit ihren blauen Strahlenblüten über zart gefiedertem Laub erinnert die australische Pflanzenart an unser Gänseblümchen.
Standort: Das Blaue Gänseblümchen benötigt für ein gutes Gedeihen einen sonnigen bis halbschattigen Standort.

Der Duftbalkon

✿ Dufterlebnis

Welch himmlischer Duft! Welch prächtige Farben! Duftende Blumen auf Balkon und Terrasse umschmeicheln Nase und Augen. Ob zart oder kräftig, ob abends oder am Tag - bei der richtigen Auswahl kann man das Dufterlebnis ganz auf die eigenen Vorlieben abstimmen.

✿ Mal blumig, mal süß

Nicht nur wegen ihrer anmutigen Optik, sondern auch wegen ihres vielfältigen Dufts beliebt sind Rosen. Mal duften sie nach Apfel, mal nach Veilchen, mal intensiv, mal dezent. Oder aber die Engelstrompete mit ihrem blumigen Duft und ihrer grazilen Gestalt. Besonders nachts betört sie unsere Nase. Zu jeder Tages- und Nachtzeit hingegen verströmt der Oleander seinen süßlichen Geruch. Speziell gefüllte Blüten eignen sich für den Duftbalkon. Zum mediterranen Charme des Oleanders passen übrigens die Zitruspflanzen - optisch und aromatisch. Denn der intensive Duft der jeweiligen Frucht unterstreicht das südländische Ambiente.

✿ Kleine Duftwunder

Die folgenden Blumen gehören zu den eher kleinwüchsigen Pflanzen auf Balkon und Terrasse. Dennoch sind sie wahre Duftwunder. Beispielsweise das Stiefmütterchen mit seinem angenehmen Veilchenduft. Im Fall von Geranien gibt es gar spezielle Züchtungen mit verschiedenen Düften, die sogenannten Duftpelargonien. Ob Rose, Zitrone oder Pfefferminze - fragen Sie Ihren Gärtner, welche Duftrichtungen er im Sortiment hat.

✿ Für alle Sinne

Nicht nur eine Wohltat für Nase und Augen sind Kräuter auf Balkon und Terrasse. Sie erfreuen auch den Gaumen. Würzig duften da Rosmarin, Lavendel und Salbei. Fruchtig hingegen ist das Aroma der Pfefferminze. Aufgepeppt wird das Ensemble von der Kapuzinerkresse. Frische verbreitet zum einen ihre kräftige Blütenfarbe in sattem Orange, Gelb oder Rot, zum anderen ihr spezifischer Duft.

INFO

Geranienzucht

Geranien lassen sich sowohl aus Samen als auch aus Stecklingen vermehren. Aufgrund der langen Entwicklungszeit werden diese beliebten Gartenpflanzen beim Gärtner schon ab Ende Dezember vorgezogen. Die Aussaat zu Hause empfiehlt sich hingegen nur, wenn Sie über ein beheizbares Gewächshaus mit Zusatzbeleuchtung verfügen.

Pflege: Ab März kann das Blaue Gänseblümchen an einem warmen Platz ausgesät werden. Die dankbarsten Sorten werden allerdings beim Gärtner durch Stecklinge vermehrt. Um das Substrat gleichmäßig feucht zu halten, sollten Sie kalkfreies Regenwasser bevorzugen.

Geranie

Pelargonium

Die Pflanzen, die wir als Geranien bezeichnen, gehören zwar zur großen Familie der Geranien oder Storchschnabelgewächse, heißen aber eigentlich Pelargonien. Die Gattung stammt aus dem südlichen Afrika und umfasst teilweise auch fleischige Arten. Ihre Spitzenstellung unter den Balkonpflanzen verdanken sie der pausenlosen Blüte in sonniger Lage, auch bei wechselhafter Witterung, ihrer Robustheit und der grandiosen Fernwirkung. Man unterscheidet zwischen Hängegeranien und aufrechten Sorten. Die hängenden Sorten (*Pelargonium-Peltatum*-Hybriden und Efeupelargonien) sind an ihrem glänzenden Laub zu erkennen, die aufrechten *Pelargonium-Zonale*-Hybriden an der bräunlichen Blattzeichnung. Kreuzungen aus beiden Arten führten zu Halbhängern oder Zonalpelargonien.

Standort: In der vollen Sonne fühlen sich Geranien am wohlsten.

Pflege: Geranien sollten ausgiebig mit Wasser und Dünger versorgt und regelmäßig ausgeputzt werden. Letzteres gilt vor allem für Zonalpelargonien.

Goldköpfchen

Chrysocephalum ramosissimum „Baby Gold“

Die kleinen gelben Blütenknöpfe dieser Verwandten der Strohblumen sind einzeln nicht sehr auffällig. Dafür blühen sie durchgehend

in großer Zahl von April bis in den Spätsommer und verströmen dabei einen zarten Duft.
Standort: Das Goldköpfchen benötigt für sein unermüdliches Blühen einen sonnigen Standort.
Pflege: Ein nahrhaftes Substrat ist Voraussetzung für ein gutes Gedeihen der Pflanze. Abgeblühte Pflanzenteile sollten regelmäßig entfernt werden.

Goldtaler

Asteriscus maritimus

Der Goldtaler wächst kompakt überhängend und blüht – goldgelb, daher auch sein Name – in sonnigen Lagen ausdauernd bis zum ersten Frost.
Standort: Der Goldtaler gedeiht an sonnigen bis halbschattigen Plätzen, blüht aber umso schöner, je sonniger er steht.
Pflege: Wichtig ist eine gleichmäßige Bewässerung bei gutem Wasserabzug. Im Sommer lässt er sich durch Stecklinge vermehren. Bei etwa 10 °C können Sie den Goldtaler sogar überwintern.

Gundermann

Glechoma hederacea

Der Gundermann – auch als Gundelrebe bekannt – bildet noch längere und schmalere „Hängebärte" als der Weihrauch und eignet sich somit hervorragend zur formalen Gestaltung. Das panaschierte Laub ist optisch sehr ansprechend.
Standort: Der Gundermann fühlt sich an sonnigen wie auch halbschattigen Standorten wohl. Die Staude gedeiht gut neben den gängigen Blütenpflanzen und verträgt lediglich Staunässe schlecht.
Pflege: Die meist stecklingsvermehrte Pflanze kann notfalls kühl und relativ trocken überwintern. Normalerweise empfiehlt sich jedoch der Zukauf.

Husarenknöpfchen

Sanvitalia procumbens

Das Husarenknöpfchen bildet im Sommer reichlich gelbe Blütensterne.
Standort: Sonnige bis halbschattige Plätze sagen dem Husarenknöpfchen am meisten zu.
Pflege: Das Substrat darf nie völlig austrocknen. Durch Abschneiden von verwelkten Blüten lässt sich der Flor verlängern. Wenn ab Ende März ausgesät wird, können Sie die Jungpflanzen bereits Mitte Mai auspflanzen. Ab Mitte April ist auch eine Direktsaat möglich.

Kapkörbchen

Osteospermum und *Dimorphotheca*-Hybriden

Die den Margeriten ähnelnden Blüten öffnen sich nur in der Sonne. Sie zeigen wunderschöne Farben in Rottönen, Lila, Weiß und Gelb.
Standort: Die Pflanze benötigt einen sonnigen Standort. Da sie nur bei Sonnenschein blüht, hat man in regenreichen Sommern leider eher wenig Freude an ihr.
Pflege: Aufgrund des Wärmebedarfs sollte man sie außerdem erst ab Juni in den Pflanzkasten setzen. Das Kapkörbchen wird bevorzugt in Gärtnereibetrieben durch Stecklinge vermehrt.

Kapuzinerkresse

Tropaeolum majus

Die Kapuzinerkresse ist eine beliebte einjährige Pflanze für Balkon und Terrasse. Ihre trichterförmigen Blüten blühen in Gelb- und Rottönen.
Standort: An einem sonnigen bis halbschattigen Standort fühlt sich die Kapuzinerkresse am wohlsten.
Pflege: Ab Mitte April kann die Pflanze geschützt ausgesät werden; sie sollte jedoch erst nach Ende der Frostgefahr ausgepflanzt werden. Vorsichtig sollte man mit Düngergaben sein, da die Kapuzinerkresse bei zu starker Stickstoffdüngung mehr Blätter als Blüten entwickelt.

Kreuzkraut

Senecio bicolor

Die Pflanze mit den filzigen silbergrauen Blättern wird häufig als Beeteinfassung verwendet. Die im Sommer erscheinenden Blüten sind eher unscheinbar, hier wirkt das Blattwerk.
Standort: Das Kreuzkraut gedeiht an einem sonnigen bis halbschattigen Standort am besten.
Pflege: Das Kreuzkraut kann ab März vorkultiviert und gegen Ende Mai ins Freie gesetzt werden. Staunässe ist zu vermeiden.

Leberbalsam

Ageratum houstonianum

Wird das Leberbalsam schon ab Februar vorgezogen, so erscheinen mit etwas Glück bereits im Mai die meist blauen Blütenköpfe. Achtung! Die höher wüchsigen Sorten dieser Pflanze eignen sich nicht für die Balkonbepflanzung, sondern nur für den Garten.
Standort: Ein sonniger bis halbschattiger Standort ist für ein gutes Gedeihen des Leberbalsams am besten geeignet.
Pflege: Das Substrat, in dem die Pflanze gehalten wird, muss eine ausgeglichene Feuchtigkeit aufweisen, denn Trockenheit oder gar Staunässe verträgt das Leberbalsam nicht. Abgeblühte Blütenstände sollten regelmäßig entfernt werden.

Lieschen, Fleißiges

Impatiens walleriana

Diese Sommerblume hat sich durch unermüdliche Blühfreudigkeit – auch im Schatten – ihren Namen verdient. Erhältlich sind auch gefüllt blühende Sorten.
Standort: Das Fleißige Lieschen gedeiht an halbschattigen Standorten, es wächst aber erfreulicherweise auch im Schatten. Je besonnter der Standort, desto mehr ist für eine ausgeglichene Bodenfeuchtigkeit zu sorgen.
Pflege: Damit das Fleißige Lieschen zeitig blüht, muss es vom Gärtner bereits ab Januar vorgezogen werden. Zu Hause am Fensterbrett empfiehlt sich die Aussaat ab März.

Männertreu

Lobelia erinus

Auch wenn jede Einzelblüte nur einen Tag lang hält, überzeugt das Männertreu durch deren Menge und Unermüdlichkeit bis in den Herbst hinein. Sogar in relativ schattigen Lagen blüht es fleißig.
Standort: Das Männertreu stellt keine großen Ansprüche. Es gedeiht in der Sonne ebenso gut wie im Schatten.
Pflege: Wenn das Männertreu nach der Blüte um etwa ein Drittel zurückgeschnitten wird, blüht die Pflanze noch einmal.

Melampodie

Melampodium paludosum

Die Melampodie bildet halbrunde Polster mit zahlreichen gelben Blütensternen, die üppig bis zum Frost blühen.
Standort: Die anspruchslose Pflanze gedeiht in der Sonne und im Halbschatten. Sie bevorzugt ein gleichmäßig feuchtes Substrat.
Pflege: Die Melampodie sollte nur sparsam gedüngt werden. Ab April können die Pflanzen geschützt vorgezogen werden. Bei einer Direktaussaat im Mai kann die Blüte verzögert einsetzen.

Million Bells, Carillon

Callibrachoa-Hybriden

Seit einigen Jahren haben Minipetunien unter der Bezeichnung „Million Bells“ oder auch „Carillon“ unsere Balkone und Terrassen erobert. Die aufrecht-überhängenden Sorten weisen die interessanter gefärbten Blütenkelche auf, sind aber auch empfindlicher gegen Staunässe als die flachen Arten.
Standort: Sowohl in der vollen Sonne als auch im Halbschatten gedeiht die Pflanze gut.
Pflege: Abgeblühte Pflanzenteile sollten regelmäßig entfernt werden. Eine Überwinterung ist möglich, aber nicht sinnvoll, da die Pflanzen nur nach mehrfachem Ausbrechen ihre kompakte Form und Blühwilligkeit beibehalten.

Mittagsgold

Gazania-Hybriden

Die Blütensterne dieser „Primadonnen" öffnen sich nur bei voller Sonne – bevorzugt also in der Mittagszeit. Im März vorkultivierte Jungpflanzen können ab Mitte Mai ausgepflanzt werden, kommen aber erst spät zur Blüte. Vom Fachbetrieb gekaufte Pflanzen dagegen blühen sofort bis weit in den Herbst hinein.
Standort: Die Pflanze fühlt sich in der vollen Sonne am wohlsten und blüht auch nur dort.
Pflege: Eine gleichmäßige Wasser- und Nährstoffversorgung ist Voraussetzung für ein gutes Gedeihen. Im Spätsommer können Sie das Mittagsgold durch Stecklinge vermehren, die sich im Keller überwintern lassen.

Pantoffelblume

Calceolaria integrifolia

Pantoffelblumen sind eigentlich Halbsträucher. Auch an relativ schattigen Plätzen erscheinen ihre gelben oder orangefarbenen Blüten mit großer Regelmäßigkeit.
Standort: Sowohl in der Sonne als auch im Schatten gedeiht und blüht die Pantoffelblume gut und gehört damit zu den universell einsetzbaren Balkon- und Terrassenpflanzen.
Pflege: Die Pflanze braucht vor allem eine gleichmäßige Bewässerung und nur gelegentlich eine Düngung. Im Spätsommer können Sie die Pantoffelblume aus Kopfstecklingen vermehren. Dagegen muss die Aussaat sehr zeitig geschehen, weshalb sich der Zukauf beim Gärtner empfiehlt.

Pepino

Solanum muricatum

Im Lauf des Sommers entwickeln sich aus den lila Blütensternen, wie sie für Nachtschattengewächse typisch sind, die gelblichen, violett gestreiften Früchte, die über den Gefäßrand hängen. Diese attraktiven Früchte sind sogar essbar.
Standort: Im Halbschatten fühlt sich der Pepino wohl und blüht und fruchtet gut. Die Früchte brauchen weniger Wärme als Tomaten und kommen in unserem Klima gut zur Reife.
Pflege: Regelmäßiges Wässern sowie eine wohldosierte Düngung sind für einen reichen Fruchtansatz unumgänglich. Die geschützte Aussaat ab Februar bringt Pflanzen mit geringem Fruchtbehang. Der Gärtner bewurzelt ab Ende Februar Stecklinge, die er nach den Eisheiligen auspflanzt. Die Pflanze kann an einem hellen Platz bei etwa 5 bis 8 °C überwintern.

Petunie

Petunia-Hybriden

Die für Nachtschattengewächse typischen Trichterblüten werden in einem reichen

Spektrum an Größen, Farben und Mustern angeboten: Es sind sogar zweifarbige, gefüllte und gefranste Blütenformen erhältlich. Besonders auffällig sind die Surfinias und einige andere Hybridzüchtungen: Ihre langen Triebe sind über und über mit leuchtenden Blüten besetzt. Sie sind nicht so empfindlich gegen Wind und Regen wie die alten samenvermehrten Sorten.
Standort: Volle Sonne mag die Petunie am liebsten, hier entwickelt sie eine wahre Blütenpracht.
Pflege: Die Lichtkeimer sollten ab Ende Februar bei etwa 20 °C ausgesät werden. Sobald sie gut eingewurzelt sind, dürfen Sie dem möglichst kalkfreien Gießwasser flüssigen Dünger beifügen. Surfinias bringen ihre volle Blühleistung nur bei ausgiebigem Gießen und Düngen. Entsprechend vertragen sie sich am besten mit anderen Starkzehrern – beispielsweise mit dem Zweizahn (Bidens) und mit Pelargonien.

PFLEGELEICHT-TIPP

Vergilbte Blätter

Da die Blätter der Petunie bei kalkreichem Wasser vergilben, empfiehlt sich die Verwendung von Regenwasser. Kurzfristig können Sie dieser Erscheinung (Chlorose) auch mit einem Eisenpräparat entgegenwirken.

Schneeflocke

Sutera-diffusus-syn.-Bacopa-Hybride

Von Mitte April bis zum Beginn der Frostperiode erscheinen auf den überhängenden Trieben der Schneeflocke die kleinen Blüten in großer Zahl. Außerdem gibt es auch eine empfehlenswerte Sorte mit sehr reichen, zartlila Blüten, die etwas ausladender wächst. Die Pflanzen sind relativ frosthart und können in einem kühlen Raum überwintern. Vermehrt werden sie im Normalfall durch Stecklinge.
Standort: Grundsätzlich gedeiht die Schneeflocke in allen Lagen – von der vollen Sonne bis zu schattigen Standorten. Als optimal hat sich jedoch der Platz im Halbschatten erwiesen, da die Pflanze in der vollen Sonne leicht austrocknet und dann mehrere Wochen mit der Blüte aussetzt.
Pflege: Die Pflanze muss gleichmäßig feucht gehalten werden.

Silberblatt, Gnaphalium

Helichrysum petiolare

Auf die gelegentlich erscheinenden gelblichen Blütenköpfe kommt es bei dieser Strukturpflanze nicht an, sondern auf die reich verzweigten und dekorativ belaubten Triebe. Obwohl weit verbreitet, hat sich für diese Pflanze noch kein gängiger Name eingebürgert. Sie ist nah mit der Zwergstrohblume verwandt. So wird sie ebenfalls vom Hobbygärtner durch Stecklinge vermehrt und lässt sich gut überwintern. Daneben gibt es eine kleinwüchsigere sowie eine cremegelb panaschierte Sorte. Ebenso werden häufig auch Sorten des Currykrauts (Helichrysum italicum) wegen ihres nadelartigen und silbrigen Laubs angeboten.
Standort: Das Silberblatt liebt einen sonnigen Standort.
Pflege: Bei der Bepflanzung der Kästen sollte beachtet werden, dass die Sorte „Silver" nur

mit ebenfalls starkwüchsigen Pflanzen kombiniert wird, da sie andere Arten sonst verdrängt.

Strauchmargerite, Weiße

Argyranthemum syn. Chrysanthemum frutescens

Strauchmargeriten gehören mit zu den beliebtesten Balkonpflanzen. Man unterscheidet u. a. Sorten mit weißen oder gelben Blüten, mit grünem oder silbrigem Laub. Gelbe Sorten sind den weißen z. T. in Größe und Blühleistung überlegen. Die ebenfalls gelbe Gattung „Euryops" bleibt etwas niedriger, wirkt aber mit stark gefiedertem Laub und überhängenden Trieben naturgemäßer und blüht auch etwas schwächer. Aufgrund ihrer Größe werden Strauchmargeriten oft einzeln in große Töpfe oder Kübel gesetzt oder sogar als Hochstamm gezogen.
Standort: Die Strauchmargerite gedeiht an sonnigen bis halbschattigen Plätzen am besten.
Pflege: Die größte Blütenpracht entwickelt sich, wenn die Sträucher reichlich gewässert und gedüngt werden. Verblühte Teile sollten regelmäßig entfernt werden. Ab August ist die Düngung einzustellen, damit die Pflanzen vor der Überwinterung ausreifen. Als Winterquartier ist ein 5 bis 10 °C kühler, aber frostfreier und heller Raum am besten geeignet. Der Wurzelballen darf im Winter nicht völlig austrocknen, er darf jedoch auch nicht zu nass gehalten werden.

Strohblume, Zwergstrohblume

Bracteantha-Hybride

Im Garten werden die zum Trocknen geeigneten Blüten wesentlich höher als bei den Züchtungen für den Balkon. Diese Sorten treiben zahlreiche Blüten aus einem kompakten Stock.
Standort: An sonnigen Standorten fühlt sich die Pflanze am wohlsten und treibt die meisten Blüten.
Pflege: Ab Mitte Mai darf man die Pflanzen in Kästen mit gutem Wasserabzug pflanzen, denn Staunässe vertragen sie schlecht. Auch ein Schutz gegen Regen von oben wirkt förderlich für das Gedeihen.

Studentenblume

Tagetes patula, T. tenuifolia

Diese Sommerblumen mit dem gefiederten Laub gibt es mit einfachen oder gefüllten, orangefarbenen Blüten sowie in verschiedenen Größen. Für den Balkon werden bevorzugt die niedrigeren Züchtungen verwendet.
Standort: In sonnigen Lagen aber auch im Halbschatten gedeiht die Studentenblume gleichermaßen gut.

Pflege: Ab April kann man die Pflanze an einem warmen Standort vorkultivieren und schon Ende des Monats in die Kästen ins Freie setzen. Verwelkte Blüten sollten Sie regelmäßig entfernen.

Vanilleblume

Heliotropium arborescens

Im Balkonkasten kommt der betörende Vanilleduft, den die breiten Blütendolden verströmen, am besten zur Geltung.
Standort: An einem sonnigen Platz entwickelt sich die Pflanze am besten und ihr Duft verbreitet sich wunderbar. Sie gedeiht aber auch im Halbschatten.
Pflege: Förderlich für schöne Blüten ist eine regelmäßige Düngung. Außerdem empfiehlt es sich, verwelkte Blütenstände regelmäßig auszuschneiden. Die strauchartige Pflanze kann wie eine Kübelpflanze geschützt überwintert werden. Oder Sie schneiden im Herbst Stecklinge und überwintern die bewurzelten Pflänzchen kühl und hell. Bei eigener Aussaat ab März kommen die Pflanzen erst spät zur Blüte. Deshalb ist der Zukauf von Pflanzen zu bevorzugen.

PFLEGELEICHT-TIPP

Spätes Auspflanzen

Aufgrund der Empfindlichkeit gegen Kälte sollten Sie mit dem Auspflanzen der Vanilleblume bis Anfang Juni warten.

Verbene, Eisenkraut

Verbena tenera

Von diesen Balkonblumen gibt es zahlreiche Sorten in verschiedenen Farben und Wuchsformen. Je nach Gestaltungswunsch kann man zwischen den aufrechten und den hängenden Sorten wählen. Neue Züchtungen wurden unter den Gruppennamen „Tapien“ und „Temari“ auf den Markt gebracht. Die flach und schwächer wüchsigen Tapien mit ihrem zarten, nadelartigen Laub verfügen neben zwei rosafarbenen v. a. über eine schöne blaue Sorte. Die Temari dagegen zeigen das bekannte Verbenenlaub, sind ein wenig anfälliger für Mehltau und weisen attraktive Farbsorten in kräftigem Scharlachrot, Pink und Violett auf. Durch ihre größere Wüchsigkeit eignen sie sich besser für Ampeln oder gar Kübel.
Standort: Verbenen können sowohl an sonnigen als auch an halbschattigen Standorten kultiviert werden.
Pflege: Abgeblühte Pflanzenteile sind regelmäßig zu entfernen, um eine zweite Blüte zu fördern. Die Pflanze gleichmäßig feucht halten, aber nicht zu reichlich gießen.

Wandelröschen

Lantana-Camara-Hybriden

Der Name weist darauf hin, dass jede einzelne Blüte im Laufe ihrer Entwicklung die Farbe wechselt. Da sich an jeder Dolde zahlrei-

che kleine Blüten in verschiedenen Stadien befinden, entsteht oft der Eindruck einer mehrfarbigen Blüte. Der genaue Farbverlauf variiert je nach Sorte.
Standort: Die Pflanze benötigt einen sonnigen Standort.
Pflege: Gießen Sie ausreichend und sorgen Sie für genügend Nährstoffe. Das fördert die Nachblüte. Übrigens: Die Früchte sind leicht giftig. Entfernen Sie daher verwelkte Blütenstände rechtzeitig – v. a. wenn Kinder im Haus sind. Im Frühjahr lassen sich Wandelröschen durch blütenlose Kopfstecklinge vermehren. Die Aussaat überlässt man besser dem Gärtner. Das strauchige Gewächs kann aber auch wie eine Kübelpflanze überwintert werden. Das lohnt sich insbesondere, wenn das Wandelröschen als Hochstamm gezogen wurde.

Weihrauch

Plectranthus coleoides

Diese sparrige Blattpflanze eignet sich mit ihrem weiß gerandeten Laub hervorragend als Strukturbildner im Blumenkasten. Bei guter Ernährung können die Triebe bis über 1,5 m aus dem Kasten hängen. Dagegen erscheinen die Blüten eher unauffällig.
Standort: Bevorzugter Standort dieser Strukturpflanze ist der Halbschatten. Bei sonniger Lage sollten Sie dafür sorgen, dass das Substrat nicht austrocknet.
Pflege: Der mehrjährige Weihrauch lässt sich überwintern oder durch Kopfstecklinge vermehren. In der kalten Jahreszeit ist er am besten in einem kühlen und hellen Raum untergebracht.

Wucherblume, Zwergmargerite

Chrysanthemum multicaule, Chr. paludosum, Chr. maximum

Die Chrysanthemum maximum „Snow Lady" wird trotz großer Blüten nicht höher als 20 cm und kann in einer Dauerpflanzung überwintern. Die beiden anderen Arten müssen jedes Jahr ab Ende März neu ausgesät werden. *Chrysanthemum paludosum* verfügt über die typischen weißen Margeritenblüten mit gelbem Zentrum, während die *Chrysanthemum multicaule* hingegen rein gelbe Blüten zeigt. Auch hier blühen die vom Gärtner zugekauften Pflanzen deutlich früher. Dabei erweisen sich die weißen Sorten als etwas robuster und blühen ausdauernder.
Standort: Die Wucherblume gedeiht sowohl in sonnigen als auch in halbschattigen Lagen.
Pflege: Regelmäßiges, reichliches Gießen sowie Düngergaben alle 14 Tage sind für ein gutes Wachstum und eine reiche Blüte unerlässlich. Verblühte Pflanzenteile sollten regelmäßig entfernt werden.

Ziersalbei

Salvia splendens, S. farinacea

Diese Salbeiarten locken nicht mit aromatisch duftenden Blättern, sondern mit Blüten in knalligen Farben. Der rote oder manchmal dunkelviolette Feuersalbei *(S. splendens)* ist etwas empfindlicher. Vom blaublütigen „Mehligen Salbei“ *(S. farinacea)* befinden sich einige besonders elegante Sorten auf dem Markt.
Standort: Der Ziersalbei wächst gut an sonnigen bis halbschattigen Plätzen.
Pflege: Die Pflanze muss gleichmäßig gewässert und gedüngt werden, Staunässe ist dabei allerdings unbedingt zu vermeiden.

Ziertabak

Nicotiana x sanderae

Da Ziertabak giftig ist (Nikotin!), sollten Kleinkinder von ihm ferngehalten werden. Trotzdem erfreut er sich großer Beliebtheit, da er auch noch unter relativ ungünstigen Bedingungen reich und dauerhaft blüht.
Standort: Der Ziertabak liebt einen sonnigen Standort, gedeiht aber auch im Halbschatten. Er sollte windgeschützt stehen.
Pflege: Ausgiebiges Bewässern und Düngen sind unerlässlich für eine dauerhafte Blüte. Der Ziertabak kann im März an einem warmen, hellen Platz ausgesät werden, empfehlenswerter ist aber der Kauf in der Gärtnerei.

Zigarettenblume, Köcherblume

Cuphea ignea

Ab Mai erscheinen aus den Blattachseln des kleinen Strauchs unzählige kleine Blütenröhrchen. Mittlerweile ist auch eine attraktive Art mit größeren Blüten auf dem Markt.
Standort: Ein Standort in der vollen Sonne ist der Zigarettenblume am liebsten. Sie gedeiht aber auch noch im Halbschatten.
Pflege: Wichtig für eine dauerhafte Blüte ist ein ausgiebiges Gießen der Pflanze. Die Zigarettenblume wird bei uns einjährig gezogen und entweder ab April geschützt ausgesät oder im Frühjahr durch Stecklinge vom letzten Jahr vermehrt. Bei etwa 5 bis 8 °C lassen sich die Pflanzen gut überwintern.

Zweizahn, Goldmarie

Bidens aurea, B. ferulifolia

Mit gelben Blütensternen und üppiger Wüchsigkeit eignet sich die überhängende Goldmarie für Kästen und Ampeln. In Kombination mit Petunien kommt die Pflanze besonders gut zur Geltung.
Standort: Ein sonniger Standort ist der optimale Platz für den Zweizahn. Zu beachten ist bei der Standortwahl seine starke Wuchskraft: Weniger starkwüchsige Pflanzen könnten verdrängt werden.
Pflege: Ab März kann die Pflanze geschützt ausgesät werden. Mehrfaches Entspitzen fördert ein verzweigtes Wachstum. In den Gärtnereien erhält man mittlerweile relativ kompakt bleibende, stecklingsvermehrte Sorten. Die ausgewachsenen Pflanzen haben einen sehr hohen Wasser- und Nährstoffbedarf.

Strahlend schön

✿ Dekorieren mit Licht

Moderne Beleuchtungen spenden nicht einfach nur Licht im Dunkeln. Sie sind ein wichtiges Deko-Element auf Balkon und Terrasse – und tragen zum Gelingen jeder Party bei. Schmücken Sie Ihr „grünes Wohnzimmer" mit Outdoor-Lichterketten, Fackeln, Windlichtern in Alu-Glas-Behältern oder Kerzen, die bei Wind nicht ausgehen. Oder basteln Sie Lampions aus Papier! Auch Windlichter, mit frischen Blüten geschmückt, sind eine wirkungsvolle Gestaltungsmöglichkeit.

✿ Romantik-Flair

Für romantische Stunden können Sie Rosenbäumchen im Kübel oder eine Kletterrose am Rankgerüst mit einer Lichterkette verzieren. Binden Sie diese dafür an stabilen Ästchen fest oder benutzen Sie einen grünen Draht. Stehlen Sie dem eigentlichen Highlight, der Rose, allerdings nicht die Schau. Wählen Sie bevorzugt Ketten mit kleinen Lichtern aus und verzichten Sie auf bunte Glühbirnen.

✿ Stimmungsvoll

Besonders im Winter, wenn die Balkonbepflanzung recht eintönig ist, können Lichterketten für eine festliche Atmosphäre sorgen. Dafür benötigen Sie nicht einmal einen extra aufgestellten Weihnachtsbaum. Schmücken Sie einfach einen immergrünen Baum oder Strauch mit kleinen Lichtern. Die Beleuchtung kann natürlich das ganze Jahr über ein wertvolles Deko-Element für Balkon oder Terrasse darstellen.

✿ Glitzerndes Schauspiel

Sie sind kein Freund von elektrischen Lichterketten, wollen aber dennoch nicht auf eine stimmungsvolle Beleuchtung verzichten? Dann stellen Sie auf Ihren Tisch eine durchsichtige Schüssel, füllen Sie diese mit Wasser und lassen Sie Schwimmkerzen darin schwimmen. Ein paar farblich darauf abgestimmte Blüten dazu, und das glitzernde Schauspiel ist perfekt. Oder aber Sie legen die Schwimmkerzen in Ihren Miniteich (s. S. 26). Die ideale Deko für lauwarme Sommernächte auf Balkon oder Terrasse.

INFO

Weitere Sommerpflanzen

Die Liste der Balkonpflanzen ist damit noch lange nicht zu Ende – nachfolgend noch einige weitere Anregungen:

- Bechermalve *(Lavatera trimestris)*
- Buntnessel *(Coleus-Blumei-*Hybriden*)*
- Blaue Mauritius *(Convolvulus sabatius)*
- Fuchsschwanz *(Amaranthus caudatus)*
- Gauklerblume *(Mimulus-*Hybriden*)*
- Gelbes Gänseblümchen *(Thymophylla tenuiloba)*
- Grünlilie *(Chlorophytum comosum* „Variegatum"*)*
- Hahnenkamm *(Celosia argentea)*
- Hornklee *(Lotus berthelottii, L. maculatus)*
- Iresine *(Iresine herbstii, I. lindenii)*
- Lampionblume *(Physalis alkekengii)*
- Mignondahlien *(Dahlia-*Hybriden*)*
- Nelken *(Dianthus chinensis, D. carophyllus)*
- Nierembergie *(Nierembergia hippomanica)*
- Portulakröschen *(Portulaca grandiflora)*
- Sommerzypresse *(Kochia scoparia)*
- Spaltblume *(Schizanthus-Wisetonensis-*Hybriden*)*
- Spanisches Gänseblümchen *(Erigeron karwinskianus)*
- Zierkohl *(Brassica)*
- Kapaster *(Felicia amelloides)*
- Zwergzinnie *(Zinnia haageana, Z. elegans)*

Pflanzen für das Saisonende

Wenn die Temperaturen fallen und der Blütenflor der Sommerblüher endet, muss nach- bzw. umgepflanzt werden, um eine abwechslungsreiche Bepflanzung bis in den Winter hinein zu gewährleisten. Seit einigen Jahren befindet sich unter der Bezeichnung „Herbstzauber" ein Sortiment von winterharten Stauden auf dem Markt, die sich für die Gefäßbepflanzung ab August eignen. Es handelt sich hierbei um eine Mischung aus Spätblühern und Strukturpflanzen. Besonders mit den Letztgenannten – in abwechslungsreichen Laub- und Wuchsformen – lassen sich naturnahe und malerisch wirkende Situationen gestalten. Zu den Blütenpflanzen dieses Sortiments gehören u. a. die Fetthenne *(Sedum spectabile)*, die Teppichaster *(Aster dumosus)* und der Bleiwurz *(Ceratostigma plumbaginoides)*. Beliebt ist auch der Japanische Enzian *(Gentiana scabra* „Shusui"*)* – mit seinen auffälligen Blütenbechern der Star unter den Herbstblühern. Optisch sehr reizvoll ist die Silberrand-Chrysantheme *(Ajanja)*: Die relativ kleinen, gelben Blütenknöpfchen

INFO

Herbstkompositionen

Für eine schöne Herbstkomposition verwenden Sie beispielsweise rotlaubige Purpurglöckchen *(Heuchera-Hybriden)*, Günsel *(Ajuga)* oder Wolfsmilcharten *(Euphorbia)*, kleinwüchsige Bergenien *(Bergenia)* mit großen herzförmigen Blättern, silberlaubiges Heiligenkraut *(Santolina)* oder Currykraut *(Helichrysum thianshanicum)*, verschieden gefärbte Salbeisorten *(Salvia officinalis)*, überhängendes Goldpfennigkraut *(Lysimachia nummularia)* sowie Gräser *(Carex)* oder grasartige Stauden *(Acorus)*.

stehen über gelappten Blättern, die durch ihre silbrig grau behaarten Ränder besonders apart wirken. Ebenfalls bis weit in den Herbst hinein blühen die einjährigen Sorten des Feuersalbeis *(Salvia splendens)*. Das Spektrum der Pflanzen, die in der Vorweihnachtszeit ihren Blütehöhepunkt erreichen, ist nicht sehr groß. Normalerweise muss man für die Begleitung dieser von Allerheiligen bis in den Advent blühenden Arten auf immergrüne Pflanzen zurückgreifen.

Chrysantheme

Chrysanthemum-Indicum-Hybriden

Die Blütezeit der Chrysantheme zieht sich von August bis in den Winter hinein. Die schwachwüchsigen Sorten eignen sich deshalb gut für die Bepflanzung von Balkonkästen im Herbst und Winter.
Standort: An einem sonnigen Standort gedeiht die Chrysantheme am besten.

Pflege: Regelmäßiges Düngen und Gießen sowie das Entfernen verblühter Pflanzenteile fördern den Blütenreichtum. Bei starkem Frost sollte man die Pflanze kurzzeitig abdecken.

Erika

Erica gracilis

Erika kauft der Hobbygärtner zu Beginn der Blütezeit (von September bis Dezember) im Gartenfachhandel. Es gibt eine reiche Sortenauswahl in zahlreichen Farbzüchtungen; die auffälligsten Farbvarianten allerdings sind oft eingefärbt und nicht von Dauer.
Standort: Erika gedeiht auf sonnigen aber auch halbschattigen Plätzen und benötigt ein saures Torfsubstrat.
Pflege: Die Pflanze sollte immer gleichmäßig feucht gehalten werden.

Heidekraut

Caluna vulgaris

Das heimische Heidekraut, ebenso bekannt als Besenheide, ist eine Moorbeetpflanze. Sie geleitet uns mit spätsommerlichen Blüten in den Herbst. Aber auch für eine vorwinterliche Bepflanzung von September bis Dezem-

ber eignet sich ein kleiner Teil der Sorten mit weißen und rötlichen Blüten.
Standort: Das Heidekraut stellt keine allzu großen Ansprüche an den Standort. Es gedeiht auch noch an halbschattigen, nährstoffarmen Plätzen, benötigt jedoch ein saures Torfsubstrat.
Pflege: Damit die Blühfähigkeit der Pflanze erhalten bleibt, sollte sie einmal im Jahr zurückgeschnitten werden.

INFO

Rote Beeren im Winter

Eine sehr schöne optische Bereicherung für den winterlichen Balkon ist die Skimmie *(Skimmia)*. Das frostharte Gehölz schmückt sich den ganzen Winter mit leuchtend roten Beeren.

Schneeheide

Erica herbacea

Die Schneeheide blüht während der kältesten Zeit des Jahres, zwischen Dezember und April. Neben verschiedenen Rottönen gibt es auch weiß blühende Sorten.
Standort: Entscheidend für eine üppige Blüte ist ein sonniger Standort. Im Gegensatz zu Heidekraut und Erika ist die Schneeheide nicht kalkempfindlich und gedeiht in normaler Balkonerde.
Pflege: Im Frühjahr nach der Blüte sollte man die Schneeheide zurückschneiden, um einen kompakten Wuchs zu fördern.

Kübelpflanzen

Unter dem sachlichen Begriff „Kübelpflanzen“ verstecken sich Pflanzenschätze aus südlichen Ländern, die in unserem Klima nicht im Freien überleben können und außerdem so groß sind, dass sie nicht in die üblichen Kästen und Töpfe passen. Am besten wird daher zu einem Ton- oder Keramikkübel gegriffen, manchmal bietet sich auch ein halbiertes Holzfass an. Die meisten Kübelpflanzen vertragen kaum Frost und müssen im Winter in Sicherheit gebracht werden. Die Ansprüche an das Überwinterungsklima sind ebenso individuell wie die Bedürfnisse hinsichtlich der Wasser- und Nährstoffversorgung während des Sommers. Gemeinsam ist den meisten Arten die Vorliebe für einen sonnigen Platz. Außerdem ist für einen sicheren Wasserabfluss zu sorgen – auch wenn

manche Kübelpflanzen an heißen Tagen einen schier unstillbaren Durst entwickeln.

Bougainvillea

Bougainvillea glabra

Es sind die prächtigen Scheinblüten, die das Gehölz mit leuchtendem Violett oder auch anderen Farben bei speziellen Züchtungen überziehen.
Standort: Bei uns gedeiht die Pflanze nur dann befriedigend, wenn man sie an einer warmen Wand aufstellt. Die Temperatur im Winterquartier sollte um 10 °C betragen.
Pflege: Die Bougainvillea muss immer gleichmäßig feucht gehalten und regelmäßig gedüngt werden.

Engelstrompete

Datura-Hybriden

Die Engelstrompete ist eine der bekanntesten und beliebtesten Kübelpflanzen, deren riesige Trompetenblüten mit Einbruch der Dämmerung einen schweren, süßlichen Duft verströmen.
Standort: Die Engelstrompete bevorzugt einen sonnigen, windgeschützten Standort. Sobald sie ihr Laub abgeworfen hat, kann sie relativ kühl (10 bis 15 °C) und dunkel im Keller überwintern.
Pflege: Die Pflanze benötigt reichlich Wasser. An warmen Tagen im Sommer muss sie mitunter sogar zweimal gegossen werden. Regelmäßiges Düngen ist für eine üppige Blüte unbedingt erforderlich. Vor dem Einwintern kann man die Engelstrompete kräftig zurückschneiden.

Kartoffelstrauch

Solanum jasminoides, S. rantonettii, S. wendlandii

Diese Nachtschattengewächse gehören derselben Gattung wie unsere Kartoffel an. Während sich die langen Triebe von *Solanum jasminoides* wie eine Kletterpflanze aufleiten lassen, bleiben die beiden anderen Arten eher strauchig. Ihre Blütenteller in blauen, violetten oder weißen Tönen erfreuen den Hobbygärtner über lange Zeit.
Standort: Der Kartoffelstrauch gedeiht am besten an halbschattigen Standorten. Im Winter wirft er sein Laub ab und kann in dunklen Räumen überwintern.
Pflege: Die Pflanzen benötigen sorgfältige Pflege. Für eine üppige Blüte ist reichliches und regelmäßiges Gießen und Düngen unerlässlich.

INFO

Palmen

In den Gärtnereien sind zahlreiche Palmenarten mit länglichen oder fächerförmigen Wedeln im Angebot. Die Zwergpalme *(Chamaerops humilis)* bleibt besonders klein (unter 1 m), während die Fächerpalme *(Washingtonia filifera)* relativ rasch zu einem stattlichen Exemplar heranwächst, das dann schwierig zu überwintern ist. Die Hanfpalme *(Trachycarpus fortunei)* verträgt Frost bis unter minus 10 °C und kann in geschützten Lagen sogar im Freien überwintern. Eine zu warme Überwinterung bringt Probleme mit sich. Bei den Palmlilien *(Yucca)* gibt es ebenfalls Arten, die unsere Winter überstehen können. Sie gehören allerdings genau genommen nicht zu den Palmen.

Oleander

Nerium oleander

Der Oleander braucht eigentlich nicht näher beschrieben zu werden: Man kennt den immergrünen Strauch mit seinen duftenden weißen oder rötlichen Blüten aus Schlossanlagen oder aus den Urlaubsländern am Mittelmeer.

Standort: Nur an einem hellen, vollsonnigen Standort kommt der Oleander zur Blüte. Er verträgt auch heiße Sommertemperaturen. Im Winterquartier sollte er hell und luftig bei etwa 5 bis 10 °C stehen.

Pflege: Für eine reiche Blüte muss die Pflanze ausgiebig mit Wasser und Dünger versorgt werden. Abgestorbene Pflanzenteile sollten regelmäßig entfernt werden. Beim Einräumen ins Winterquartier dürfen die alten Blütenstände nicht entfernt werden. Alle zwei bis drei Jahre schneidet man gegen Ende der Winterruhe etwa ein Drittel der Triebe zurück.

Roseneibisch

Hibiscus rosa-sinensis

Der Roseneibisch begeistert mit riesigen, meist roten Blütenkelchen, die im Wintergarten sogar ganzjährig erscheinen können.

Standort: Der Roseneibisch möchte hell und sonnig sowie vor Wind und Regen möglichst geschützt stehen. Im Winterquartier sind Temperaturen zwischen 10 und 15 °C ideal.

Pflege: Für eine reiche Blüte muss die Pflanze regelmäßig gedüngt werden. Staunässe, Trockenheit und klimatische Schwankungen müssen vermieden werden, da der Roseneibisch sonst oft Blätter und Knospen abwirft. Etwa alle zwei Jahre werden die Triebe nach dem Winter zur Hälfte zurückgeschnitten.

Schönmalve

Abutilon-Hybride

INFO

Weitere Kübelpflanzenarten

Pflanze	Merkmale	Pflegehinweis
Aucube *(Aucuba japonica)*	immergrünes, gescheck- tes Laub	robust, giftige Früchte
Bleiwurz *(Plumbago auriculata)*	himmelblaue Blüten- rispen	pflegeleicht, verträgt Rückschnitt
Blumenrohr, Indisches *(Canna indica)*	irisartige Blüten in Rot oder Gelb	reichlich gießen, aus- putzen, Knollen über- wintern
Feige *(Ficus carica)*	gelapptes Laub, unter optimalen Bedingungen Früchte	im Sommer robust, früh ausräumen
Gewürzrinde *(Cassia corymbosa, C. didymobotrya)*	gelbe Blütenkelche	anspruchslos, warm, nach erstem Frost Rückschnitt und Ein- räumen
Kreppmyrte *(Lagerstroemia indica)*	Blütendolden (je nach Sorte) in Rottönen	vollsonnig, radikal zurückschneiden, gleichmäßig gießen
Lorbeer *(Laurus nobilis)*	immergrün, aromatisch	robust, schnittverträglich
Orangenblume *(Choisya ternata)*	weiße, duftende Blüten- rispen, immergrün	unempfindlich, auch Halbschatten
Passionsblume *(Passiflora)*	Rankpflanze, zauberhafte Blüten	viel gießen und düngen, Rankhilfe
Prinzessinnenblume *(Tibouchina urvilleana)*	purpurne Blütenteller	gut gießen und düngen, zurückschneiden
Schmucklilie *(Agapanthus praecox)*	Zwiebelblume, blaue Blütendolden	sonnig, bis Juli gut düngen

Die Schönmalve ist ein dankbarer Blütenstrauch, der bei gebührender Pflege das ganze Jahr hindurch seine roten oder gelben Blütenglocken zeigt.
Standort: Die Schönmalve liebt einen vollsonnigen Standort, blüht aber auch im Halbschatten. Wenn sie kühl überwintert wird, werden die Blätter abgeworfen, und die Pflanze kann dunkel stehen.
Pflege: Im Sommer muss reichlich gedüngt und gegossen werden. Im zeitigen Frühjahr darf die Pflanze kräftig zurückgeschnitten werden.

Tibouchina

Tibouchina

Die aus Brasilien stammende Pflanze ist in unseren Breiten noch eher unbekannt, schmückt jedoch mit ihren großen blauvioletten Blütenrispen und den samtigen dunkelgrünen Blättern jeden Balkon und jede Terrasse.
Standort: Im Halbschatten gedeiht die Tibouchina am besten. Aufgrund ihrer langen Triebe sollte die Pflanze windgeschützt stehen. Sie sollte bei etwa 10 °C an einem hellen Ort überwintert werden.
Pflege: Die Tibouchina muss regelmäßig mit kalkfreien Wasser gegossen werden, sodass die Erde stets leicht feucht ist. Staunässe sollte aber unbedingt vermieden werden. Von Frühjahr bis Herbst sollte gedüngt werden. Um einen sparrigen Wuchs zu vermeiden, muss die Pflanze regelmäßig zurückgeschnitten werden.

Zitronenbaum

Citrus-Arten

Die Bäume der Zitrusfamilie sind ziemlich anspruchsvoll. Nur unter günstigen Bedingungen bilden sich aus den duftenden Blüten in unserem Klima Früchte.
Standort: Ein vollsonniger Standort ist ideal für den Zitronenbaum. Frost wird von den meisten Zitrusarten nicht vertragen. Die Überwinterung sollte bei 5 bis 10 °C stattfinden und ist sehr arbeitsintensiv: Die Pflanze darf immer nur vorsichtig befeuchtet werden und nie dauerhaft nass sein, da sie sonst schnell abstirbt.
Pflege: Regelmäßiges Gießen ist wichtig, Staunässe muss aber unbedingt vermieden werden. Das Gießwasser sollte stets kalkfrei sein und gut ablaufen können.

Gartenkalender

Balkon- und Terrassengartenpflege rund ums Jahr

Balkonblumen und Kübelpflanzen haben besonders in den Sommermonaten Hochsaison. Dann sind sie v.a. auf die Wasserversorgung angewiesen. Zudem brauchen die Pflanzen Dünger, damit sie ausreichend mit Nährstoffen versorgt sind, gut wachsen und blühen. Aber auch im Frühjahr, Herbst und Winter gibt es einiges zu tun. So beginnt bereits im Spätwinter die Anzucht von Jungpflanzen. Zudem ist der Rückschnitt und, falls nötig, das Umtopfen zu erledigen. Nach der Saison müssen im Herbst und Winter mehrjährige Pflanzen im Überwinterungsquartier regelmäßig kontrolliert werden. Welche Arbeiten im Einzelnen anstehen, zeigt Ihnen der Gartenkalender.

Ein Vogelhäuschen ist eine willkommene Futterquelle für alle Standvögel

Januar

- Kübelpflanzen im Winterquartier auf Schädlinge und Krankheiten kontrollieren.
- Falls nötig, Pflanzenschutzmittel einsetzen (z.B. Leimfallen gegen Weiße Fliegen).
- Im Winter nur wenig gießen – ausgenommen Pflanzen, die in warmen Räumen stehen (z.B. Pelargonien, Zitruspflanzen, Palmen).
- Bei mildem Wetter lüften.
- Pflanzpläne anfertigen.
- Samen- und Pflanzenkataloge sichten und Saatgut sowie Pflanzen bestellen.
- Neue bzw. zusätzliche Pflanzgefäße bauen. Vogelhäuschen mit Sämereien befüllen.
- Stecklinge schneiden und bewurzeln (z.B. bei Pelargonien).

Februar

- Im Winterquartier lüften, gießen und, falls nötig, Pflanzenschutzmittel einsetzen.
- Mit zunehmender Tageslänge wieder mehr gießen.
- Zu eng sitzende Kübelpflanzen umtopfen.
- Rückschnitt rechtzeitig vor dem Austrieb durchführen. Aussaat von Langzeitkulturen (z.B. von Petunien).
- Jungpflanzenvermehrung durch Stecklinge (z.B. Fuchsien).
- Pflanzpläne anfertigen.
- Sämereien und Jungpflanzen bestellen.
- Bewurzelte Jungpflanzen rechtzeitig pikieren (in Töpfe vereinzeln).

Im Frühjahr beginnt das Ein- und Umtopfen verschiedener Pflanzenarten

März

- Lüften, gießen, Pflanzenschutz im Winterquartier.
- Robuste Kübelpflanzen bereits bei mildem Wetter ausquartieren (z. B. Lorbeer).
- Winterquartiere für Kälteperioden noch bereithalten.
- Sonnenschutz (z. B. Schattenleinen) für Kübelpflanzen gegen Blattschäden. Kübelpflanzen umtopfen und schneiden.
- Vermehrung durch Stecklinge.
- Kauf von bewurzelten Stecklingen für weitere Kultur.
- Ab jetzt Knollenbegonien, Dahlien und andere Knollenpflanzen putzen und eintopfen.
- Zwiebelblüher in Kübeln einziehen lassen, dann erst ausgraben und lagern oder in den Garten pflanzen.

April

- Robuste Pflanzen ausquartieren (Quartiere jedoch noch immer bereithalten).
- Empfindliche Pflanzen noch geschützt im Haus behalten, aber regelmäßig lüften. Rückschnitt fördert buschigen Wuchs (z. B. bei Engelstrompeten oder Oleander).
- Anzucht und Vermehrung durch Aussaat und Stecklinge.
- Preiswerte Jungpflanzen in der Gärtnerei kaufen und weiter kultivieren. Kräuter in Kübel und Kästen pflanzen.
- Schöne Balkonarrangements zusammenstellen. Balkonblumen und Kübelpflanzen evtl. vor Frost schützen (z. B. mit Vlies zudecken oder einräumen).
- Terrassenbeläge prüfen und ausbessern. Markisen und Sonnenschirme prüfen und ausbessern oder ersetzen.

Mai

- Nach den „Eisheiligen“ alle Pflanzen ausquartieren, aber noch vor direkter Sonne schützen.
- Jetzt auch robuste Zimmerpflanzen ausräumen (geschützt platzieren).
- Pflanzen reichlich gießen und bei Bedarf düngen.
- Wenn gewünscht, Bewässerungssysteme einrichten (z. B. Tropfer oder Kästen mit Wasserspeicher).
- Große Pflanzen vor Windwurf sichern.
- Günstige Standorte wählen (Schattenpflanzen absonnig platzieren).
- Kakteen und Sukkulenten in den Regenschatten stellen (z. B. unter Dachvorsprung).
- Gemüse und Kräuter in Kübel und Kästen pflanzen.
- Blütenpflanzen regelmäßig ausputzen (welke Blüten entfernen).

Juni

- Regelmäßig gießen; zur Unterstützung Bewässerungssysteme einrichten.
- Windwurfgefährdete Pflanzen vor Sommerstürmen sichern.
- Falls nötig, Pflanzenschutz mit biologischen Mitteln (z. B. Blattläuse mit Wasser absprühen).
- Wasserstellen einrichten, Gießwasser erwärmen (Gießgefäße immer gefüllt halten).
- An heißen Tagen schattieren.
- Bei länger anhaltenden Regenperioden Folien zum Abdecken bereithalten oder Pflanzen in den Regenschatten des Hauses stellen.
- Welke Blüten regelmäßig ausputzen.
- Wuchernde Pflanzen zurückschneiden. Kräuter maßvoll ernten (nicht stutzen).
- Formschnittpflanzen regelmäßig pinzieren (lange Triebe einkürzen).

Nun können Sie Ihre Balkonkästen bepflanzen

An heißen Sommertagen ist es besonders wichtig, die Pflanzen reichlich und regelmäßig zu gießen

Juli

- An heißen Sommertagen reichlich gießen, um Trockenheit vorzubeugen.
- Rechtzeitig die Wasserversorgung während der Urlaubsabwesenheit sichern.
- Regelmäßig düngen, um die Blütenbildung zu fördern.
- Pflanzenschutz mit einfachen Methoden (z. B. Rückschnitt kranker Pflanzenteile) und biologischen Mitteln vornehmen.
- Bei Mangelerscheinungen schnell wirksame Flüssigdünger geben.
- Bei Dauerregen für Wasserabzug sorgen (Untersetzer leeren).
- Gute und schöne Sorten durch Stecklinge vermehren (z. B. Pelargonien).
- Welke Blüten ausputzen, um Samenbildung zu verhindern (nicht bei Pflanzen mit dekorativen Früchten).
- Nun können Kräuter geerntet (und evtl. getrocknet und eingefroren) und auch nachgesät werden.
- Wurmkompost pflegen und wässern.

August

- Ausreichend gießen, Düngung langsam beenden.
- Bewässerungssysteme für die Urlaubszeit einrichten oder Gießhilfe organisieren.
- Von guten Sorten Stecklinge schneiden (nur von mehrjährigen Arten).
- Gemüse in Kübeln und Kästen ernten.
- Kletterpflanzen schneiden und heften.
- Neue, erhaltenswerte Pflanzen besorgen oder selbst ziehen.
- Buchs und andere Formschnittpflanzen trimmen.

Im August ist die Zeit, um den Buchsbaum zu trimmen

September

- Die Tage werden kürzer, das Wachstum lässt langsam nach; entsprechend weniger gießen.
- Herbstblumen und Immergrüne pflanzen.
- Zwiebeln für das Frühjahr in Kübel pflanzen.
- Kübelpflanzen so lange wie möglich im Freien lassen.
- Winterquartiere und Frostschutz vorbereiten.
- Zimmerpflanzen bei Nachtfrostgefahr einräumen.
- Kletterpflanzen für eine Begrünung von unten an bzw. unter den Balkon setzen.
- Von Sommerblumen reife Samen abnehmen und für die Aussaat im nächsten Jahr lagern (z. B. Ringelblumen, Kapuzinerkresse u. a.).

Oktober

- Frostgefährdete Balkon- und Kübelpflanzen einquartieren.
- Robuste Arten bei mildem Wetter noch draußen lassen (Frostschutz vorbereiten).
- Leere Kästen reinigen und unterbringen.
- Abgestorbene Pflanzen evtl. im Garten kompostieren.
- Zwiebeln für das Frühjahr pflanzen.
- Balkon- und Terrassenboden reinigen. Wassergefäße leeren.
- Einjährige Blumen abräumen und durch Herbstbepflanzung ersetzen.

November

- Sommergrüne in kühlem Keller überwintern.
- Jetzt auch robuste Pflanzen einräumen.
- Immergrüne hell und kühl stellen.
- Winterquartiere bei mildem Wetter lüften.
- Zwiebelblumen in Kübeln draußen lassen (Tulpen, Narzissen u. a.).
- Falls vorhanden, Vogelfutterhäuschen geschützt aufstellen.

Dezember

- Kübelpflanzen im Haus auch im Winter mäßig gießen (je nach Standort).
- Winterquartiere bei mildem Wetter lüften.
- Winterbepflanzung vor strengem Frost schützen.
- Bei trockenem Wetter immergrüne Kübelpflanzen im Freien gießen (z. B. Buchsbaum zum Schutz vor „Frosttrocknis").
- Vögel mit Sämereien füttern. Weihnachtsbaum im Topf draußen lassen (erst zum Fest einräumen).

Pflanzen Sie im Oktober Zwiebeln für das kommende Frühjahr

Material- und Werkzeugliste

Jedes neue Gartenprojekt erfordert eine intensive Planung. Um dabei nicht den Überblick zu verlieren, ist eine Checkliste sehr hilfreich, die im nachfolgenden Beispiel zur Neubepflanzung eines Balkons dient. Diese Liste soll eine Anregung sein und lässt sich natürlich für jedes Projekt abwandeln und anwenden.

CHECKLISTE

Material- und Werkzeugliste für die Bepflanzung eines Balkons

Baustoffe, Gefäße (Baumarkt, Gartencenter)	**vorhanden**	**bestellt**	**noch zu besorgen**
Blumenkästen	☐	☐	☐
Pflanzkübel	☐	☐	☐
Untersetzer	☐	☐	☐
Vlies	☐	☐	☐
Pflanzen (Gartencenter, Wochenmarkt, Versand, eigene Aussaat)	**vorhanden**	**bestellt**	**noch zu besorgen**
Kübelpflanzen	☐	☐	☐
Balkonblumen	☐	☐	☐
Kräuter	☐	☐	☐
Erden, Substrate, Bodenverbesserer (Gartencenter, Baumarkt)	**vorhanden**	**bestellt**	**noch zu besorgen**
Kompost	☐	☐	☐
Hornspäne	☐	☐	☐
Sand	☐	☐	☐
Blätongranulat	☐	☐	☐
Einheitssubstrat	☐	☐	☐
Geräte, Werkzeuge (Gartencenter, Baumarkt)	**vorhanden**	**bestellt**	**noch zu besorgen**
Schere	☐	☐	☐
Pflanzschaufel	☐	☐	☐
Gießkanne	☐	☐	☐
Arbeitshandschuhe	☐	☐	☐
Rollbrett (zum leichteren Transport schwerer Kübel)	☐	☐	☐

Register

Bildnachweis

Wir bedanken uns bei allen Bildlieferanten, die uns durch die Bereitstellung von Abbildungen freundlicherweise unterstützt haben.

Ernst Benary Samenzucht GmbH, Hann, München: 74 u.
fotolia.com: EDEN 4 (auch nachfolgende Kolumnentitel), 7; Matthias Geipel 5, Brenda A. Smith 6; zingiber 8; Sven Knie 9; profi 12; teressa 13; migratrice 15; Heike Loechel 16; Daniel Bujack 21; Canoneer 22, 83; Dalmatin.o 23 (auch nachfolgende Kolumnentitel); Marek Slusarczyk 25; sonne Fleckl 26, 29; creAtive 27; LeNico 30; Eva Gruendemann 32; Elena Elisseva 33 (auch nachfolgende Kolumnentitel); Stefan Körber 34; Olivier le Moal 41; Harald07 42, 61; Daniel Etzold 43; We-Are-Web 45; JWS 46; LianeM 46; FRÜH 49 (o.); Martina Berg 49 (u.); Michael Martini 50; Eva Kahlmann 51; eagle84 53; Trombax 54; Michael Pettigrew 58; Ellie Nator 59; bean 45; Christian Pedant 69; mediamouse 70 (l.); Sven Käppler 71; Cornelia Pithart 72 (o.), 74 o.; mumi 78 o.; Kerry 79; arashamburg 80, 90; Constanze Weber 82; miket 85; António Duarte 87; FotoLyriX 88; W-FOTO 89; PeJo 91; valpictures 92 o.; buttongirl 92 u.; Twilight Art Pictures 93
Kirschner, Max: 14, 16, 17, 18, 24, 35, 37 (l. u. r.), 38, 64; 67 (r.), 68, 70 (r.), 72 (u.l.),
mauritius images: 56, 73 (r.), 63
neogard.ch: 62
pixelio.de: adel 28; Regina Kaute 31; Petra Geißler 55; Dietmar Grummt 65 (l.); M BirgitH 65 (r.); Maja Dumat 66; Martina Gade 67 (l.); Claudia Hautumm 72 (u.r.), 84 r.; groby 73 (l.); Pegas 75; studioplus 76 l.; Kunststart.net 76 r.; sonnenblume 77; Dieter Wendelken 84 l.
polylooks.de: Zoonar 44
Stock.xchg: Claudia Meyer 60
Knecht, A., Privatgarten, Bücklistraße 15, CH-5300 Vogelsang, www.gartentraeume.ch: 21